# 統計学ノオト

日本大学経済学部
特任教授　理学博士
大澤　秀雄

三恵社

※ 本書の版下 (dvi ファイル) は, 著者自身が pLaTeX $2_\varepsilon$ で組版したものです.
※ 本文中の表およびグラフは Excel を用いて作成し, 編集したものです.
※ Excel は米国 Microsoft Corporation の米およびその他の国における登録商標または商標です.

# まえがき

本書は統計学の入門書である．大学初年度の半期における基礎的な統計学の講義に即したものである．統計学の学習においては，基礎理論の理解が非常に重要であり，その点を強く意識してまとめてある．本書は書き込みノート式になっており，学んでいくうちに自ら埋められるようになるまで理解を進めて欲しいという願いを込めてある．

現在において統計は広範な分野で利用され，その必要性が衰えることはない．医学をはじめ，自然科学における実験などにおいては勿論であるが，社会科学においても経済・経営問題で戦略を計画する場合，社会的な政策を立てる場合，マーケティングにおける戦略の見直し等々，その枚挙にいとわない．これらの問題においては，まず現状の把握が重要視され，頻繁に統計調査が行われるだろう．ビックデータをはじめ，これらの調査データはコンピュータで処理され，容易に統計処理が行われる時代である．しかし，それがすべてではない．処理された結果を読み取る分析が求められるのである．ひとたびその分析を読み違えると大きな損失を招く一因にもなりかねない．統計的な分析力を高めておくことが望まれわけであるが，その手始めのためにも基本的な統計の理論的概念を理解しておくことは必須である．

この入門書は，統計学の基本的な考え方をストレートに理解できるように意識して書かれている．具体的な事例を通じて統計手法や概念を繰り返し解説し，自ら手を動かし基本理論の理解が進むよう配慮した．推定と検定をはじめ，単に公式にあてはめて出すというのではなく，その導出過程を繰り返すことにより統計への理解がより進むものと思う．傍らに電卓あるいはコンピュータを置き，自ら統計処理も行いながら分析力をつけていただきたい．現在はさらに進んだ多変量の統計分析も必要とされる時代であるが，本書により統計への興味を喚起され，こうした進んだ統計解析や統計理論への関心を抱くことを願ってやまない．

2019 年 8 月

著　者

# 目 次

# I. 統計資料

本講におけるテーマは次の通りである.

① 統計調査の目的　② 統計資料の処理

## 1.1 統計調査

### [1] 母集団

統計調査を行う場合, その目的に応じた対象全体を **母集団** という. このうち, 対象範囲に限りがあるものを **有限母集団**, 限りがないものを **無限母集団** という. 前者の場合, 規模が小さければ **全数調査** が可能であるが, 規模が大きい場合および後者の場合はそれが不可能なので, **標本 (データ・サンプル)** を収集して統計処理を行う. 次の事例をみよう.

**事例 1.1** 次の統計調査における母集団について考えてみよう.

(1) Data 1.1 : あるクラス 50 人の生徒に対する数学テスト (5 点満点) の結果.

| | | | | | | | | | |
|---|---|---|---|---|---|---|---|---|---|
| 4 | 4 | 2 | 4 | 2 | 1 | 3 | 4 | 5 | 4 |
| 1 | 3 | 4 | 4 | 5 | 4 | 4 | 5 | 1 | 3 |
| 5 | 2 | 3 | 3 | 4 | 4 | 3 | 3 | 2 | 3 |
| 2 | 4 | 5 | 5 | 4 | 1 | 3 | 1 | 3 | 1 |
| 2 | 4 | 2 | 3 | 3 | 4 | 3 | 2 | 2 | 3 |

これはこのクラスの生徒に対し, 授業の理解度を調べるのが目的と考えられる. 従って, 対象がこの 50 人に限られる有限母集団であり, 全数調査が行われたものといえる.

(2) Data 1.2 : ある都市の各地区における自転車関連交通事故件数 (年間).

| | | | | | | | |
|---|---|---|---|---|---|---|---|
| 128 | 157 | 115 | 111 | 82 | 132 | 137 | 177 |
| 58 | 97 | 136 | 112 | 94 | 70 | 122 | — |

これはこの都市各地区における自転車関連交通事故の状況を調べるのが目的となろう. この場合, 対象となるのは過去, 現在, 未来にわたる事故すべてであり, 限りがないものと考えられる.

(3) Data 1.3 : ある県の 6 歳女児の身長のデータ (cm).

| | | | | | | | | | | | |
|---|---|---|---|---|---|---|---|---|---|---|---|
| 111.8 | 111.7 | 113.1 | 107.3 | 112.8 | 123.4 | 112.8 | 115.2 | 116.3 | 110.7 | 109.8 | 112.4 |
| 115.0 | 117.5 | 118.0 | 105.3 | 114.6 | 121.5 | 119.6 | 121.1 | 120.2 | 118.5 | 116.2 | 114.6 |
| 117.0 | 114.5 | 108.2 | 119.0 | 123.2 | 126.6 | 108.6 | 116.3 | 115.0 | 115.2 | 120.0 | 113.4 |
| 123.7 | 113.7 | 117.6 | 117.3 | 102.2 | 114.0 | 117.4 | 115.5 | 117.4 | 121.2 | 118.8 | 114.7 |
| 116.5 | 118.8 | 111.3 | 109.9 | 110.8 | 114.5 | 119.9 | 115.4 | 115.7 | 113.2 | 119.5 | 113.8 |
| 111.8 | 123.6 | 114.5 | 117.3 | 113.5 | 122.5 | 115.8 | 120.5 | 119.6 | 117.9 | 118.2 | 113.7 |
| 114.5 | 111.0 | 117.3 | 115.6 | 116.7 | 111.5 | 111.3 | 111.4 | 111.5 | 121.3 | 111.4 | 122.7 |
| 116.8 | 108.1 | 115.3 | 109.9 | 110.2 | 112.1 | 120.8 | 125.0 | 123.0 | 116.3 | 122.7 | 122.2 |
| 120.7 | 111.8 | 112.8 | 115.0 | 108.9 | 114.3 | 117.1 | 114.8 | 118.5 | 116.5 | 115.3 | 109.6 |
| 114.7 | 119.6 | 113.0 | 111.8 | 113.5 | 109.5 | 119.8 | 118.5 | 119.3 | 116.0 | 109.8 | 115.1 |
| 116.3 | 120.2 | 115.0 | 117.4 | 115.7 | 119.6 | 111.5 | 123.0 | 115.7 | 115.5 | 107.6 | 122.5 |

この県の 6 歳女児の身長状況を調べるのが目的といえる. この場合, 対象となる生徒が非常に多く, 母集団は非常に大きいので, 全員の調査はできないであろう. 任意に取集された標本から全体の様相を推測することになる.

母集団についてまとめておこう.

**要点 1.1 母集団**

- **母集団** : 統計調査の対象全体

  [ ア) ] : 対象範囲に限りがあるもの (例 : Data 1.1)

  [ イ) ] : 対象範囲に限りがないもの (例 : Data 1.2)

  *) 厳密には [ ア ] であるが, 対象範囲が非常に大きい場合

  [ イ ] として扱う (例 : Data 1.3)

**[2] 統計資料**

収集された標本 (データ・サンプル) について考えよう.

**事例 1.2** 事例 1.1 のデータの型について考えてみよう.

(1) Data 1.1 の標本数 (**標本の大きさ**ともいう) は 50 であり, 値は 1 ～ 5 のカウントできる**可算数量データ**という型といえる.

(2) Data 1.2 の標本数は 15, これも事故件数を値としておりカウントできる**可算数量データ**である.

(3) Data 1.3 の標本数は 132, これはカウントできるものではなく計測された連続量で表現される値で**非可算数量データ**とよばれる.

このように数量データには可算のものと非可算のものがあり, 前者を**離散型**, 後者を**連続型**と分類する.

**要点 1.2 標本の分類**

［ウ）　　　　　　　　］: カウントできる値で表現される可算数量データ

［エ）　　　　　　　　］: 計測されたカウントできない非可算数量データ

他に数量でなくカテゴリに分類された**質的データ**

## 1.2 度数分布

収集された標本を処理し, バラツキの状況 (**分布**という) を捉え, 母集団の様相が推測できるようになる. 標本数 $n$ が大きい場合, **度数分布表**を作成することによりバラツキの状況を捉えやすい. 目安としては $n \geqq 50$ が基準となろう. 度数分布の処理は離散型と連続型で扱いが異なる.

### [1] 離散型の度数分布

**事例 1.3** Data 1.1 のバラツキの様相を捉えよう.

- Data 1.1 の値は 1 ～ 5 の 5 種類であり, それぞれの個数 (**度数**という) をカウントし, 相対度数を計算, **度数分布表**を作り, グラフを描く. (各自試みよ)

　相対度数をすべてまとめて**度数分布**という. 図 1.1 のような棒グラフで描けばデータのバラツキの様相がわかる.

**課題 1.1** Data 1.1 の度数分布表を完成し, ヒストグラムを描こう.

表 1.1 数学テストの度数分布表

| 値 | 度数 | 相対度数 |
|---|---|---|
| 1 | | |
| 2 | | |
| 3 | | |
| 4 | | |
| 5 | | |
| 計 | | |

図 1.1 数学テストの度数分布

*) 相対度数とはそれぞれの値の度数を標本数で割った値.

**[2] クラス分けによる度数分布**

標本数 $n$ が大きい, 連続型データおよび広い範囲の値を離散型データについては**クラス分け**して度数分布を捉える.

**事例 1.4** Data 1.3 のバラツキの様相を捉えよう. 次の手順で度数分布表を作成する.

- クラス分けの手順例

① データの中で最大値 ($x_{\max}$) と最小値 ($x_{\min}$) を出す

$$\text{Data 1.3 については } x_{\max} = 126.6 \ \text{(cm)}, \quad x_{\min} = 102.2 \ \text{(cm)}$$

データはこれら 2 つの値の間に $x_R = 126.6 - 102.2 = 24.4$ (cm) の幅をもって分布する (この値 $x_R = x_{\max} - x_{\min}$ を**範囲** (range) という)

② この範囲を等間隔の区間 (**クラス**) に分割する

クラス数 ($K$), 区間幅 ($h$) の設定に特別な決め方はないがおおよそ次のようにする

$K \leqq 10$ を大まかに決め, $d = \dfrac{R}{K}$ より大きめの切れの良い値 $h$ を決める

この例では $K = 7$ とすると, $d = \dfrac{24.4}{7} = 3.48$ なので $h = 4$ (cm) に分割する

③ 各クラスの下限と**上限**をきめる

第 1 クラスの下限, 上限 : 最小値 102.2 が入るように, 下限を 101.0 とすると, 上限は $101.0 + 4 = 105.0$ となり, 第 1 クラスは $101 < x \leqq 105$ と決まる

この下限と上限の中点を第 1 クラスの**階級値**という.

$$\frac{101 + 105}{2} = 103 \ \text{(cm)}$$

第 2 クラスは $105.0 < x \leqq 109.0 (= 105.0 + 4)$, 階級値 107.0 (cm)

第 3 クラス以降も同様に決める

最大の第 7 クラスは $125.0 < x \leqq 129.0$, 階級値は 127.0 (cm) となる

*) 最大値がこのクラスに入ることを確認する

④ 各クラスに入るデータの度数を数え, 相対度数を計算し度数分布表 (表 1.2) にまとめる

⑤ 度数分布のヒストグラムを描く

*) 連続量が対象なのでヒストグラムでは棒の間隔をなくす

**課題 1.2** Data 1.3 のクラス分けによる度数分布表を完成し, ヒストグラムを描こう.

表 1.2 6 歳女児の身長 (Data 1.3) の度数分布表

| クラス | 下限 | 上限 | 階級値 | 度数 | 相対度数 |
|---|---|---|---|---|---|
| 1 | 101 | 105 | | | |
| 2 | 105 | 109 | | | |
| 3 | 109 | 113 | | | |
| 4 | 113 | 117 | | | |
| 5 | 117 | 121 | | | |
| 6 | 121 | 125 | | | |
| 7 | 125 | 129 | | | |
| 計 | | | | | 1.000 |

図 1.2 6 歳女児の身長の度数分布のグラフを描こう

---------------------------補完---------------------------

- 空欄

  (p.2) ア) 有限母集団　　イ) 無限母集団

  (p.3) ウ) 離散型　　エ) 連続型

表 1.1 数学テストの度数分布表

| 値 | 度数 | 相対度数 |
|---|---|---|
| 1 | 6 | 0.12 |
| 2 | 9 | 0.18 |
| 3 | 14 | 0.28 |
| 4 | 15 | 0.30 |
| 5 | 6 | 0.12 |
| 計 | 50 | 1.00 |

図 1.1 : Data 1.1 の度数分布 $n$ =50

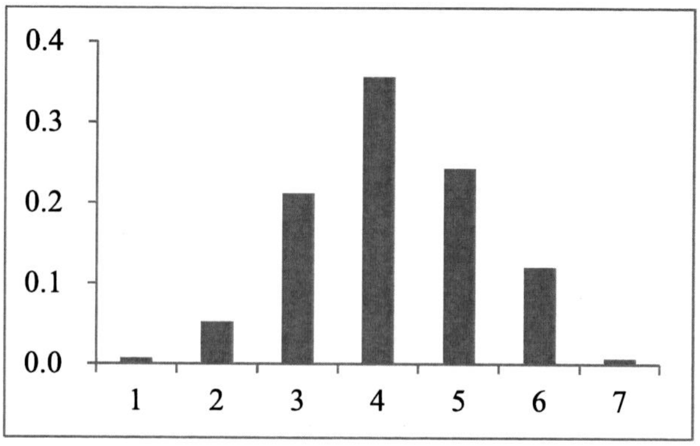


表 1.2 6 歳女児の身長 (Data 1.3) の度数分布表

| クラス | 下限 | 上限 | 階級値 (c) | 度数 | 相対度数 (p) |
|---|---|---|---|---|---|
| 1 | 101 | 105 | 103 | 1 | 0.0076 |
| 2 | 105 | 109 | 107 | 7 | 0.0530 |
| 3 | 109 | 113 | 111 | 28 | 0.2121 |
| 4 | 113 | 117 | 115 | 47 | 0.3561 |
| 5 | 117 | 121 | 119 | 32 | 0.2424 |
| 6 | 121 | 125 | 123 | 16 | 0.1212 |
| 7 | 125 | 129 | 127 | 1 | 0.0076 |
| 計 | | | | 132 | 1.000 |

図 1.2 : Data 1.3 の度数分布(クラス分け) $n$ =132

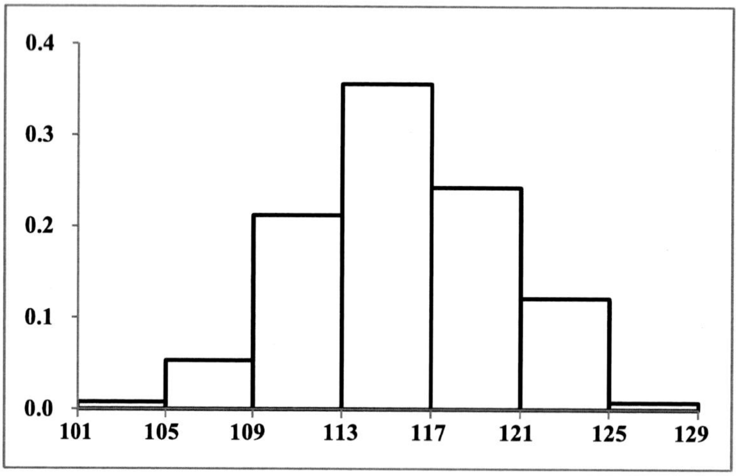

# II. データの特性

本講におけるテーマは次の通りである.

① データ系列の統計指標　② 位置指標の表現

## 2.1 データの特性

前講では母集団から任意の標本を収集して, 度数分布を捉えることを学んだ. このようにして得られる統計情報は母集団に対する推測を行うための基本となる. 本講ではデータ系列の特性を表現する**基本統計値**について学ぼう.

図 2.1 で表されるように母集団から $n$ 個の標本 (データ) 系列 $\{x_1, x_2, x_3, \cdots, x_n\}$ を得て, その情報をもとに母集団に対する信頼度高い推測を得る基本的な統計値について考える. ここでは, ① 中心的位置特性を表す統計値, ② 系列全体のバラツキを表す統計値についてみていく.

図 2.1 : 母集団と標本値(データ)

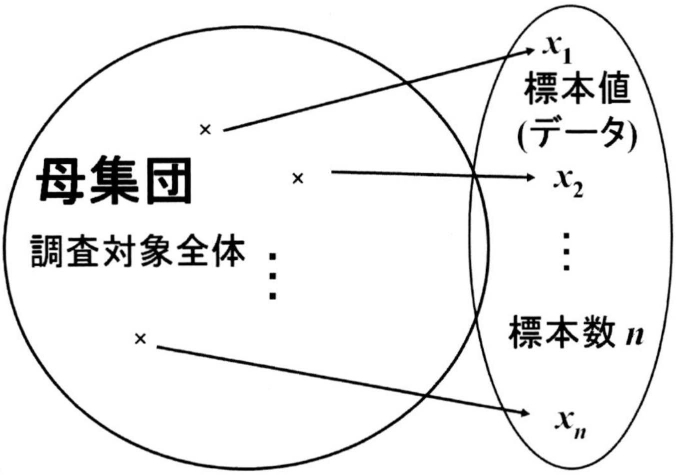


## 2.2 中心的位置特性：平均

**事例 2.1**　Data 1.2 ＜p.1＞ について平均事故件数 (年間) を求めよう.

- **標本和** (計算して埋めてみよう)

$$\text{標本和} : \sum x = [\text{ア}) \qquad ]$$

$$年間の平均事故件数 = \frac{標本和}{標本数},\quad よって, 平均は [ イ)\qquad\qquad ] 件/年$$

**要点 2.1 平均 (mean)**

**標本和**：$\sum x_i$

**平均**：標本和を標本数で割る

$$\overline{x} = \left[\ \frac{標本和}{標本数} = \frac{\sum x}{n}\ \right]$$

*) 通常, 平均の値は元のデータより 1 桁下の位まで出せばよい

- 系列の中で平均は次の意味をもつ：
  - *) データの [ ウ)　　　　　　　　　　　　　　　]
  - *) [ エ)　　　　　　　　　　　　　　　]
  - *) データ [ オ)　　　　　　　　　　　　　　　]
- 中心的位置の指標として他にも次の指標が使われる
  - **中央値**：データ系列の中央 (50%) の位置
  - **最頻値**：最も頻繁に現れる値 など

## 2.3 バラツキを表す統計値：分散, 標準偏差

**事例 2.2** Data 1.2 $< p.1 >$ について, データ系列としてのバラツキの程度を調べよう.

- **偏差**：データと平均との差
  - 各データについて, 平均からのズレを計算する
  - データ値が平均より大きいとき, 偏差は [ カ)　　　　　　　　　]
  - データ値が平均より小さいとき, 偏差は [ キ)　　　　　　　　　]

  *) 偏差の総和 = [ク)　　　　　　]
- **(標本) 変動**：平均からのズレを強調 ⇒ 偏差を平方
  - 偏差平方を総和した統計値を (標本) 変動 $\boldsymbol{s_x^2}$ という
  - これは, データ全体としてのバラツキの大きさを測るもとになる

*) 以上の計算は表 2.1 のようにまとめる.

表 2.1 Data 1.2 についての計算表

| No. | 値 ($x$ 件) | 偏差 | 偏差 $^2$ |
|---|---|---|---|
| 1 | 128 | 12.8 | 163.84 |
| 2 | 157 | 41.8 | 1747.24 |
| 3 | 115 | -0.2 | 0.04 |
| 4 | 111 | -4.2 | 17.64 |
| 5 | 82 | -33.2 | 1102.24 |
| 6 | 132 | 16.8 | 282.24 |
| 7 | 137 | 21.8 | 475.24 |
| 8 | 177 | 61.8 | 3819.24 |
| 9 | 58 | -57.2 | 3271.84 |
| 10 | 97 | -18.2 | 331.24 |
| 11 | 136 | 20.8 | 432.64 |
| 12 | 112 | -3.2 | 10.24 |
| 13 | 94 | -21.2 | 449.44 |
| 14 | 70 | -45.2 | 2043.04 |
| 15 | 122 | 6.8 | 46.24 |
| 計 | 1728 | 0.0 | 14192.40 |

表 2.2 Data 1.2 の順序統計値と 5 要約値

| 順位 | 値 | 5 要約値 |
|---|---|---|
| 1 | 58 | ← $x_{\mathrm{min}}$ |
| 2 | 70 | |
| 3 | 82 | |
| 4 | 94 | ↙ $Q_1$ |
| 5 | 97 | |
| 6 | 111 | |
| 7 | 112 | |
| 8 | 115 | ← $Q_2$ |
| 9 | 122 | |
| 10 | 128 | |
| 11 | 132 | ↙ $Q_3$ |
| 12 | 136 | |
| 13 | 137 | |
| 14 | 157 | |
| 15 | 177 | ← $x_{\mathrm{max}}$ |

この表により Data 1.2 の変動値は $s_x^2 =$ [ケ)　　　　　　]

- **(標本) 分散**：偏差平方の平均 $= \dfrac{\text{変動}}{\text{標本数}}$

  変動の値は標本数が多いほど, 大きくなるので, データ全体のバラツキを視るために標本 1 個あたりのバラツキを表す統計値 (標本) 分散 $u_x^2$ を計算する

  $$u_x^2 = \frac{14192.4}{15} = [\text{コ})\qquad\qquad]$$

- **標準偏差**：分散の混合 (ルート) を計算 $u_x = \sqrt{u_x^2}$

  分散は途中で 2 乗するのでデータ値より次元が上がる

  そのため標準偏差を計算し, もとの次元にもどす

  $$u_x = \sqrt{[\text{コ}]} = [\text{サ})\qquad\qquad],$$ 平均と同じ位でまとめる

*) (標本) 分散, 標準偏差はデータ系列のバラツキの度合いを表現している

**要点 2.2(1) 変動**

- **偏差**：$x_i - \overline{x}$　**偏差の総和 = 0**
- **(標本) 変動** $s_x^2$：偏差平方の総和

  $$s_x^2 = \sum_{i=1}^{n} (x_i - \overline{x})^2 = \sum [\text{シ})\qquad\qquad]$$

  系列のバラツキを表現する基本的な統計値

**要点 2.2(2) 分散, 標準偏差**

- **(標本) 分散**：変動の値を標本数で割る, $u_x^2$

$$u_x^2 = \frac{s_x^2}{n} = \frac{\text{変動}}{\text{標本数}}$$

(標本) 分散は [ ス) ] である

- **標準偏差**：分散の平方根, $u_x = \sqrt{u_x^2}$
- 分散, 標準偏差の意味

値が大きいほど, 系列のバラツキは [ セ) ]

値が小さいほど, 平均への集中度が [ ソ) ]

## 2.4 位置指標の表現

[1] **5 要約値**

データ系列を等分割することで, データ系列の様相を捉えることができる. ここでは, データ系列を 4 分割することを考える.

**事例 2.3** Data 1.2 について, データ系列を四等分しよう.

- **順序統計値**：系列を等分割するために大小の順に配列する

Data 1.2 を昇順 (小から大へ) に並べ替える

表 2.2 の順序統計値から以下の値を求める

最小値 $x_{\min} =$ [タ) ], 最大値 $x_{\max} =$ [チ) ]

- 系列を 2 等分する位置：**第 2 四分位点** (中央値) $Q_2$ を出す

Data 1.2 では [ ツ) ] 番目の位置で $Q_2 =$ [テ) ]

この場合, $Q_2$ を下位 (小さいほう), 上位 (大きいほう) の両方のグループに含め

それぞれのグループの中央の位置を求める

下位グループを 2 等分する位置：**第 1 四分位点** $Q_1$ を出す

Data 1.2 では [ ト) ] 番目の値であり

$Q_1 =$ [ナ) ] = [ニ) ]

上位グループを 2 等分する位置：**第 3 四分位点** $Q_3$ を出す

Data 1.2 では上位グループの [ ヌ) ] 番目の値であり

$Q_3 =$ [ネ) ] = [ノ) ]

**5 要約値**：$x_{\min}, Q_1, Q_2, Q_3, x_{\max}$ ，これら 5 要約値により系列が 4 等分される

[2] **箱ひげ図**

**事例 2.4** Data 1.2 の 5 要約値を図式化し, 分布の形状を捉えよう.

- 5 要約値のデータ系列を 4 分割するという役割を応用して **箱ひげ図** を描く

  箱ひげ図によりデータ系列の分布の形状を大まかにみることができる

- 箱ひげ図の描き方 (図 2.2)

  ① 最小値 $x_{\min}$ から最大値 $x_{\max}$ を含む数直線を描く
  最小値 $x_{\min}$, 最大値 $x_{\max}$ を短い線分 (または点) で表す

  ② 3 個の四分位点をボックスにして表す (箱の部分)

  ③ $Q_1$ と $x_{\min}$ を線分で結ぶ (左側のひげの部分)

  ④ $Q_3$ と $x_{\max}$ を線分で結ぶ (右側のひげの部分)
  これによりデータが密集している部分 (**偏り**)
  逆にデータがまばらな部分 (**歪み**) が表現される

図 2.2 : Data1.2 の箱ひげ図(ほぼ対称形)

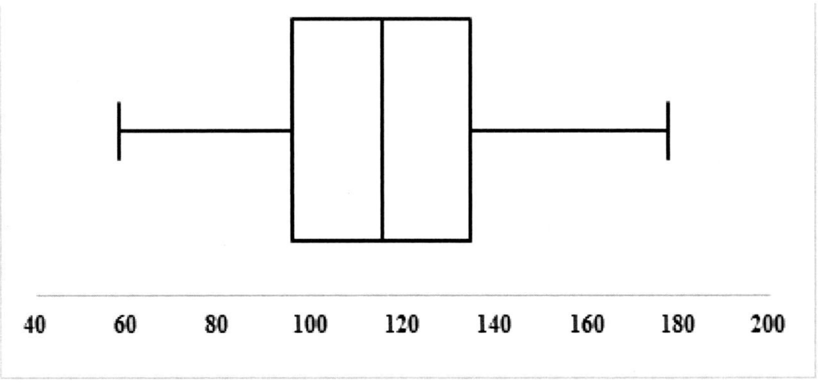

**要点 2.3 箱ひげ図**

5 要約値をもとに描く

$x_{min},\ Q_1, Q_2, Q_3,\ x_{max}$

分布形状の概略を表現

特に, [ ハ)　　　　　　] と [ ヒ)　　　　　　] を表現

図 2.2 以外の代表的な形は図 2.3, 図 2.4

図 2.3 : 左に偏り, 右に歪みの箱ひげ図

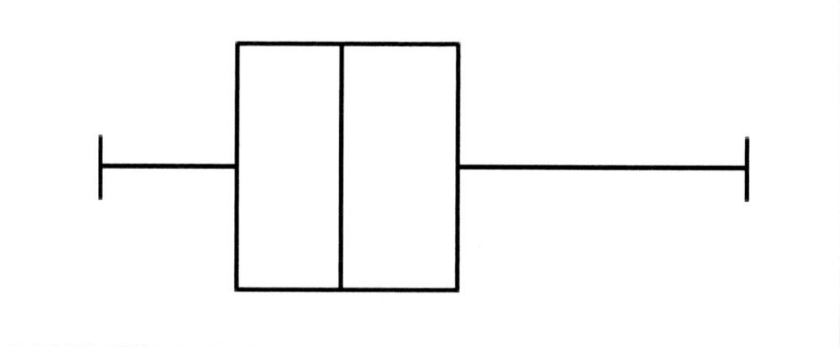

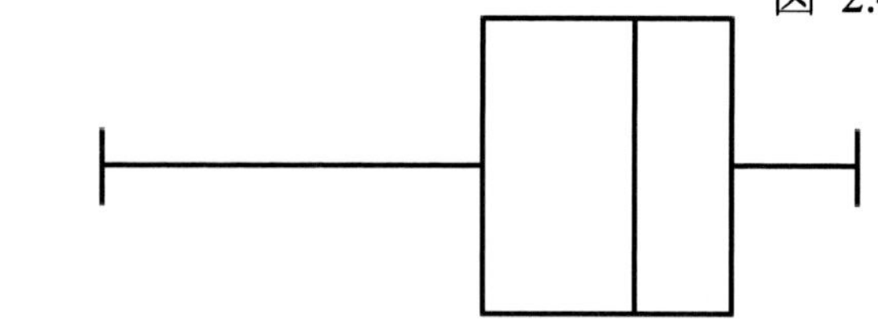

図 2.4 : 右に偏り, 左に歪みの箱ひげ図

------------------------補完------------------------

- 空欄

(p.7) ア) 1728

(p.8) イ) 115.2　ウ) 中心的な位置　エ) 重心の位置　オ) 1 個あたりの値
　カ) 正の値　キ) 負の値　ク) 0

(p.9) ケ) 14192.40　コ) 946.16　サ) 30.8　シ) 偏差$^2$

(p.10) ス) 偏差平方の平均　セ) 大きい　ソ) 高い (強い)　タ) 58
　チ) 177　ツ) 8　テ) 115.0　ト) 4.5　ナ) $\dfrac{94+97}{2}$　ニ) 95.5

(p.11) ヌ) 4.5　ネ) $\dfrac{132+136}{2}$　ノ) 134.0

(p.12) ハ) 偏り　ヒ) 歪み

# III. 分布の特性

本講におけるテーマは次の通りである.

① 度数分布の統計　② 平均・分散の意味　③ データの理論化:離散変量

## 3.1 分布の特性

I 講における度数分布の捉え方, II 講でのデータの特性を表現する統計値を学んだうえで, 本講では度数分布の特性を表現する統計値について学ぼう.

**事例 3.1** Data 1.1 の度数分布 (表 1.1) について平均, 分散を求めよう.

解説　標本和を出す：データの値と度数を乗じて, 総和を計算.

$$\text{標本和}: \sum x = \sum (\text{データ値}) \times (\text{度数})$$

平均は標本和を標本数で割るので,　$\overline{x} = \sum (\text{データ値}) \times (\text{相対度数})$ と計算できる

- 変動を出す：偏差$^2$ = (データ値 − 平均)$^2$ に度数を乗じた総和を計算

  分散は変動を標本数で割るので,　$u_x^2 = \sum (\text{偏差})^2 \times (\text{相対度数})$ と計算できる

- 平均, 分散ともにデータ値と相対度数がわかれば計算できる (表 3.1)

表 3.1 Data 1.1 の度数分布による統計値表

| 値 | 相対度数 | 値 × 相対度数 | 偏差 | 偏差$^2$ × 相対度数 |
|---|---|---|---|---|
| 1 | | | | |
| 2 | | | | |
| 3 | | | | |
| 4 | | | | |
| 5 | | | | |
| 計 | | | — | |

**要点 3.1 度数分布の平均と分散**

表 3.2 をもとに計算

$$平均 : \overline{x} = \sum_{i=1}^{n} c_i p_i$$

平均とは [ア)　　　　　　　　　　　　　] である

$$分散 : \overline{x} = \sum_{i=1}^{n} (c_i - \overline{x})^2 p_i$$

分散とは [イ)　　　　　　　　　] の平均である

表 3.2 度数分布の統計値の計算表

| 値 $(c)$ | $c_1$ | $c_2$ | $\cdots$ | $c_K$ | 計 |
|---|---|---|---|---|---|
| 相対度数 $(p)$ | $p_1$ | $p_2$ | $\cdots$ | $p_K$ | 1.0 |
| $c \times p$ | $c_1 p_1$ | $c_2 p_2$ | $\cdots$ | $c_K p_K$ | $\overline{x}$ |
| 偏差 | $c_1 - \overline{x}$ | $c_2 - \overline{x}$ | $\cdots$ | $c_K - \overline{x}$ | — |
| 偏差 $^2 \times p$ | $(c_1 - \overline{x})^2 p_1$ | $(c_2 - \overline{x})^2 p_2$ | $\cdots$ | $(c_K - \overline{x})^2 p_K$ | $s_x^2$ |

**課題 3.1**　II 講の平均, 分散の定義から次式を示す.

(1) $\overline{x} = \sum_{i=1}^{n} c_i p_i$　　(2) $u_x^2 = \sum_{i=1}^{n} (c_i - \overline{x})^2 p_i$

## 3.2 クラス分け度数分布の統計値

*) クラス分けによる度数分布の統計値は階級値と相対度数を利用する.

**要点 3.2 クラス分けによる度数分布の平均と分散**

階級値を $c_i$ , クラス数を $K$ として, 要点 3.1 と同様に計算

$$平均 \quad : \quad \overline{x} = \sum_{i=1}^{K} c_i p_i = \sum (階級値 \times 相対度数)$$

$$分散 \quad : \quad \overline{x} = \sum_{i=1}^{K} (c_i - \overline{x})^2 p_i = \sum \{(階級値 - 平均)^2 \times 相対度数\}$$

**課題 3.2**　表 1.2 (p.5) をもとに, 表 3.3 を作成しクラス分けによる度数分布の平均, 分散, 標準偏差を求めよ.

表 3.3 6 歳女児の身長 (Data 1.3) の度数分布の統計値計算表

| クラス | 階級値 ($c$) | 相対度数 ($p$) | $c \times p$ | 偏差 ($d$) | $d^2 \times p$ |
|---|---|---|---|---|---|
| 1 | | | | | |
| 2 | | | | | |
| 3 | | | | | |
| 4 | | | | | |
| 5 | | | | | |
| 6 | | | | | |
| 7 | | | | | |
| 計 | | | | — | |

## 3.3 データの理論化:離散変量

*) データを収集して, 母集団に対する精確な推測を行うために理論面からの準備が必要である. その手始めとして, 統計変量を導入する. データは母集団において起こりうる現象 (**事象**という) を表している. 事象に対しては母集団においてどの程度に起こりうるものなのか調査するのが統計調査となる. 従って, 統計変量についても事象を表しその起こる割合 (**確率**) が決められることが望まれる.

[1] **変量の意味と分布**

**事例 3.2** 統計変量の例

2 回サイコロを投げ 1 の目が出る回数を表す変量 $X$ を考えよう.

**解説** $X$ が取り得る値は $\{0\ ,1\ ,2\ \}$

ここで, 例えば $X=1$ は [ ウ) ]

という事象を意味し, この事象が起こる割合も決まる

これを $X=1$ となる**確率**といい, $p_X(1) = \mathrm{P}[X=1]$ と表す

それぞれの値に対する確率を求める

$p_X(0) = \mathrm{P}[X=0] =$ [ エ) ]

$p_X(1) = \mathrm{P}[X=1] =$ [ オ) ]

$p_X(2) = \mathrm{P}[X=2] =$ [ カ) ]

- $X$ **の確率分布** : 確率をすべてまとめて確率分布という

$\{\ p_X(0), p_X(1), p_X(2)\ \} = \{$ キ) $\}$

**要点 3.3 離散統計変量**

- **統計変量 (確率変数) $X$ の働き**

母集団における**事象**を表し, その**確率**を定義する

離散変量 $X$ の取り得る値：$\{c_1,\ c_2,\ \cdots,c_i,\ \cdots,c_K\}$

事象 $\{X = c_i\}$：母集団において起こり得る事柄, 現象

起こり得る割合：確率 $p_X(i) = \mathrm{P}[X = c_i]$

- $X$ の確率分布

$$\{p_X(i)\} = \{p_X(1), p_X(2), \cdots, p_X(K)\}$$

- 確率分布の性質

① $p_X(i) \geqq 0$, 確率は [ ク)　　　　　　　　　　]

② $\displaystyle\sum_{i=1}^{K} p_X(i) = 1$, [ ケ)　　　　　　　　　　　　]

[2] **変量の平均と分散**

*) 離散統計変量またはその確率分布に対する**平均**と**分散**が定義される.
それは度数分布に対する平均, 分散の拡張でもある.

**要点 3.4 離散変量の平均・分散**

要点 3.3 の変量 $X$ について

- $X$ の平均：$\mathrm{E}[X]$　*) E は Expectation (期待値の意味)

$$\mathrm{E}[X] = c_1 p_X(1) + c_2 p_X(2) + \cdots + c_K p_X(K) = \sum_{i=1}^{K} c_i p_X(i)$$

すなわち $X$ の平均 $= \sum$ ([ コ)　　　　　　　　] × [ サ)　　　　　　　　])

- $X$ の分散：$\mathrm{V}[X]$　*) V は Variance (分散の意味)

$$\begin{aligned}\mathrm{V}[X] &= (c_1 - \mathrm{E}[X])^2 p_X(1) + (c_2 - \mathrm{E}[X])^2 p_X(2) + \cdots + (c_K - \mathrm{E}[X])^2 p_X(K) \\ &= \sum_{i=1}^{K} (c_i - \mathrm{E}[X])^2 p_X(i)\end{aligned}$$

すなわち $X$ の分散 $= \sum$ ([ シ)　　　　　　　　] × [ ス)　　　　　　　　])

**事例 3.3** 統計変量の平均・分散

事例 3.2 の変量 $X$ について平均, 分散, 標準偏差を求めよう.

**解説** 事例 3.2 の確率分布について平均と分散を計算

- $X$ の平均

$$\mathrm{E}[X] = 0 \times [\text{エ}] + 1 \times [\text{オ}] + 2 \times [\text{カ}] = [\ \text{セ})\qquad\qquad ]$$

すなわち $X$ の平均 $= \sum$ ([ コ ] × [ サ ]) を計算

- $X$ の分散 : $\mathrm{V}[X]$　　*) V は Variance (分散の意味)

$$\mathrm{V}[X] = (c_1 - \mathrm{E}[X])^2 p_X(1) + (c_2 - \mathrm{E}[X])^2 p_X(2) + \cdots + (c_K - \mathrm{E}[X])^2 p_X(K)$$

$X$ の分散 の計算には次の公式が有効である

$$V[X] = \sum_{i=1}^{K} c_i^2 p_X(i) - \{\mathrm{E}[X]\}^2$$

よって, $V[X] = (0^2 \times [\text{エ}] + 1^2 \times [\text{オ}] + 2^2 \times [\text{カ}]) - [\text{セ}]^2 = [\ \text{ソ})\qquad\qquad ]$

- $X$ の標準偏差 : $\mathrm{D}[X] = \sqrt{\mathrm{V}[X]}$

よって, $D[X] = \sqrt{[\text{チ}]} = [\ \text{タ})\qquad\qquad ]$

**事例 3.4** 分散公式

分散について次式を示そう.

$$V[X] = \sum_{i=1}^{K} c_i^2 p_X(i) - \{\mathrm{E}[X]\}^2 = \mathrm{E}[X^2] - \{\mathrm{E}[X]\}^2$$

**解説** $X$ の分散 : $\mathrm{V}[X] = \sum_{i=1}^{K} (c_i - \mathrm{E}[X])^2 p_X(i)$

右辺を展開する

$$\begin{aligned}
\mathrm{V}[X] &= \sum_{i=1}^{K} \{c_i^2 - 2c_i\mathrm{E}[X] + (\mathrm{E}[X])^2\} p_X(i) \\
&= \sum_{i=1}^{K} c_i^2 p_X(i) - 2\mathrm{E}[X] \sum_{i=1}^{K} c_i p_X(i) + (\mathrm{E}[X])^2 \sum_{i=1}^{K} p_X(i) \\
&= \sum_{i=1}^{K} c_i^2 p_X(i) - 2\mathrm{E}[X]\mathrm{E}[X] + (\mathrm{E}[X])^2 \\
&= \sum_{i=1}^{K} c_i^2 p_X(i) - \{\mathrm{E}[X]\}^2
\end{aligned}$$

ここで, $\sum_{i=1}^{K} p_X(i) = 1,\ \sum_{i=1}^{K} c_i p_X(i) = \mathrm{E}[X]$

$$\text{さらに}, \sum_{i=1}^{K} c_i^2 p_X(i) = \mathrm{E}[X^2]\ (= X^2 \text{ の平均})\ \text{であるから分散公式が成り立つ}$$

*) 分散公式により 分散 $=$ [ チ) ] $-$ [ ツ) ] としても計算できる.

－－－－－－－－－－－－－－－－－－－－－－－－－－補完－－－－－－－－－－－－－－－－－－－－－－－－－－

- 空欄

(p.14) ア) (データ値 × 相対度数) の総和　イ) (偏差)$^2$

(p.15) ウ) 2 回のうち 1 回だけ 1 の目が出る　エ) $\frac{25}{36}$　オ) $\frac{5}{18}$　カ) $\frac{1}{36}$　キ) $\frac{25}{36}, \frac{5}{18}, \frac{5}{18}$

(p.16) ク) 0 以上 (負にならない)　ケ) 全体の確率は 1 である　コ) 変量の値　サ) 確率
シ) 偏差$^2$　ス) 確率

(p.17) セ) $\frac{1}{3}$　ソ) $\frac{5}{18}$　タ) $\frac{\sqrt{10}}{6}$　チ) $X^2$ の平均　タ) 平均$^2$

表 3.1 Data 1.1 の度数分布による統計値表

| 値 | 相対度数 | 値 × 相対度数 | 偏差 | 偏差$^2$ × 相対度数 |
|---|---|---|---|---|
| 1 | 0.12 | 0.12 | -2.12 | 0.5393 |
| 2 | 0.18 | 0.36 | -1.12 | 0.4516 |
| 3 | 0.28 | 0.84 | -0.12 | 0.0121 |
| 4 | 0.30 | 1.20 | 0.88 | 0.9293 |
| 5 | 0.12 | 0.60 | 1.88 | 2.1206 |
| 計 | 1.00 | 3.12 | — | 4.0529 |

表 3.3　6 歳女児の身長 (Data 1.3) の度数分布の統計値計算表

| クラス | 階級値 ($c$) | 相対度数 ($p$) | $c \times p$ | 偏差 ($d$) | $d^2 \times p$ |
|---|---|---|---|---|---|
| 1 | 103 | 0.0076 | 0.780 | -12.667 | 1.2155 |
| 2 | 107 | 0.0530 | 5.674 | -8.667 | 3.9832 |
| 3 | 111 | 0.2121 | 23.545 | -4.667 | 4.6195 |
| 4 | 115 | 0.3561 | 40.947 | -0.667 | 0.1582 |
| 5 | 119 | 0.2424 | 28.848 | 3.333 | 2.6936 |
| 6 | 123 | 0.1212 | 14.909 | 7.333 | 6.5185 |
| 7 | 127 | 0.0076 | 0.962 | 11.333 | 0.9731 |
| 計 | | 1.0000 | 115.667 | — | 20.1616 |

# IV. 連続変量の分布

本講におけるテーマは次の通りである.

① 連続変量とその分布　② 平均・分散の意味　③ 正規分布

III 講では離散変量とその分布について学んだ. 本講では連続変量分布の表現とその特性を表現する特性量および確率の処理について学ぼう.

## 4.1 連続変量の確率分布

連続型データに対する理論的な扱いは離散型の場合と大きく異なる. 連続量は離散値と違い特定の値を指定できない, このあたりの値をとるという捉え方が必要だからである. それにより分布の表現方法が大きく異なる. まず連続変量分布の表現について考えよう.

**事例 4.1** 連続変量の確率分布

Data 1.3 (p.2) は 6 歳女児の身長という標本数 132 の連続型のデータである. 事例 1.4 (p.4) ではこれをクラス分けして, 分布の様相を視ることができた. ここで, さらに標本数を増やして母集団に近づけていった場合, 分布の形状がどのように見えてくるかを調べよう. 次の状況を想定する.

(1) 標本数 8000 の場合　　(2) 標本数 16000 の場合

**解説** データ＜ Data 1.3, p.2 ＞から始め, 標本数を増やす (母集団に近づける) ことで

母集団分布 ($X$ の確率分布) の形状を推測する

Data 1.2, 標本数 132 (図 4.1) → 8000 (図 4.2) → 16000 (図 4.3)

順に図を追っていくと, 母集団に近づくにつれ分布の概形を表すような曲線が浮かび上がる

これは, 連続変量の分布が連続の曲線 (直線も含め) で表現できることを示唆している

この場合, 母集団の分布が図 4.3 の概形として得られるであろうことが推測される

連続変量の確率を表すことを考えよう.

**事例 4.2** 連続変量の確率

事例 4.1 について, 母集団において 110 cm 以上 120 cm 以下の確率をグラフ上に表現しよう.

**解説** まず, Data 1.3 の分布図上にこの範囲に相当する部分を描く. (図 4.4)

これに該当するバーの部分をマークする

バー全体の面積に対するこの部分の面積比が該当する範囲の割合 (= 確率) である

さらに, **バー全体の面積を 1** とすれば, 該当する部分の面積で確率を表現できる

このことを母集団の分布を表すグラフにもあてはめる

つまり, 分布を表現するグラフと横軸が囲む全体の面積を 1 とすることにより

母集団において, 該当する範囲の 面積 = 確率 として表示される

したがって, 母集団において 110 cm 以上 120 cm 以下の確率は

図 4.5 の陰影部分の面積として表現できる

**要点 4.1 連続変量の確率分布**

連続量の取り得る値を実数値全体とする

- 確率分布は [ ア) ] で表現

  つまり, 連続関数 $f(x)$ で表現

  $f(x)$ を [ イ) ] という

  $f(x)$ のグラフ全体が囲む面積を [ ウ) ] とする

  (全事象の確率が 1 であることに対応)

- **連続変量の確率**：変量の取りうる [ エ) ] に対し, 確率が決まる

  確率は該当する範囲に対するグラフの [ オ) ] で表現される

  $X$ が $a$ と $b$ の間に入る確率を $\mathrm{P}[a < X < b]$ と書く

$$\mathrm{P}[a < X < b] = \int_a^b f(x)dx \ , \quad \text{面積} = \text{定積分}$$

- **連続変量の平均・分散**

  $X$ の平均：$\mathrm{E}[X] =$ [カ) ]

  $X$ の分散：$\mathrm{V}[X] =$ [キ) ]

図 4.1 : Data 1.3 の度数分布(クラス分け) $n$ =132

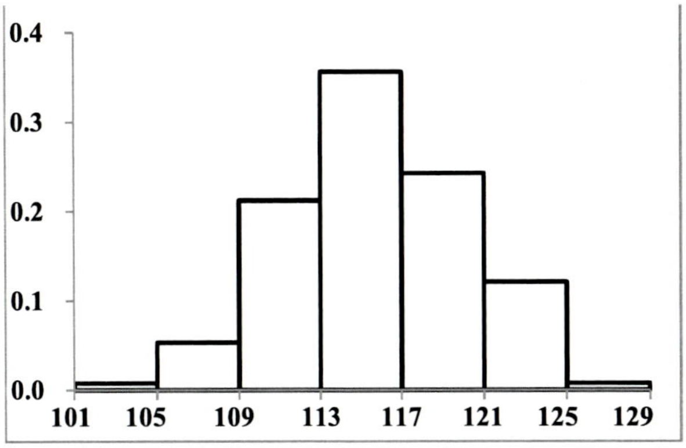


図 4.2 : 6 歳児の身長 $n$ = 8000

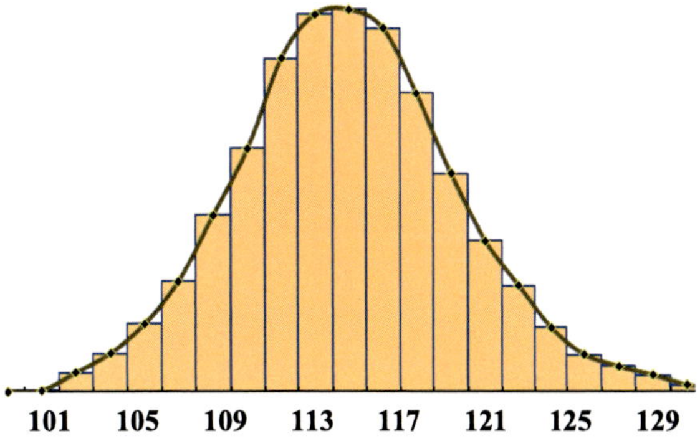


図 4.3 : 6 歳児の身長 $n$ = 16000

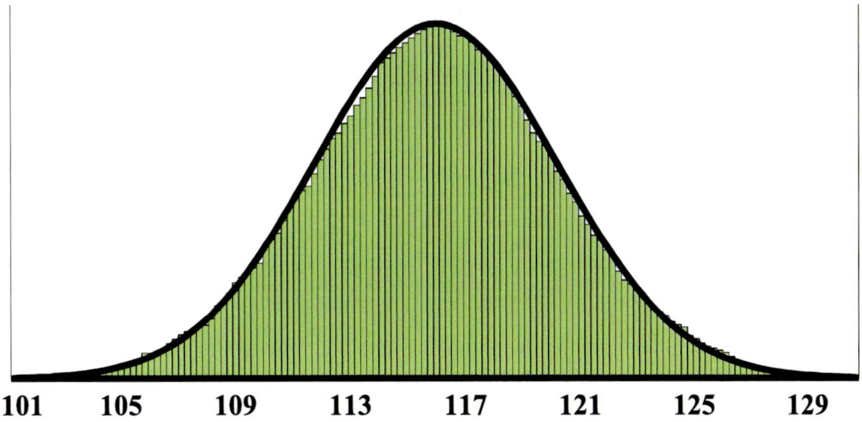


図 4.4 : 110cm 以上 120 cm の確率 ($n$ = 132)

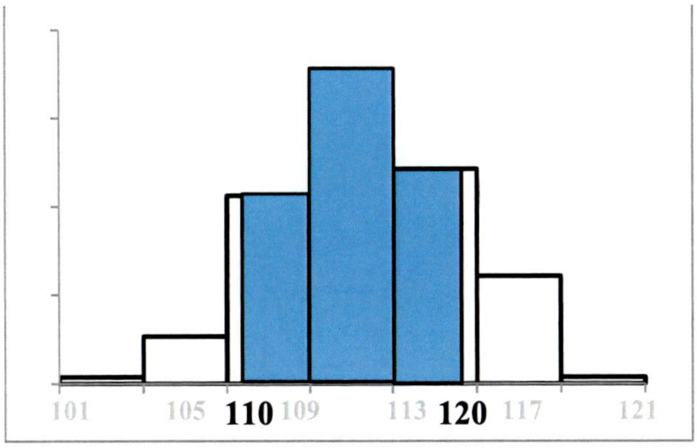


図 4.5 : 110cm 以上 120 cm の確率 (母集団)

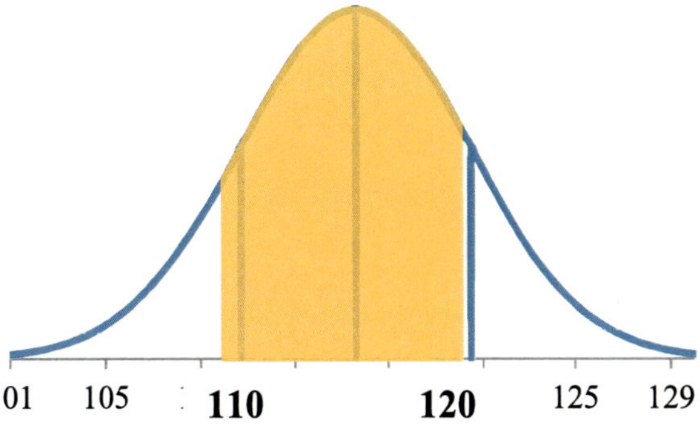

図 4.6 : 体重 $X \sim N(44.0, 96.04)$ のグラフ

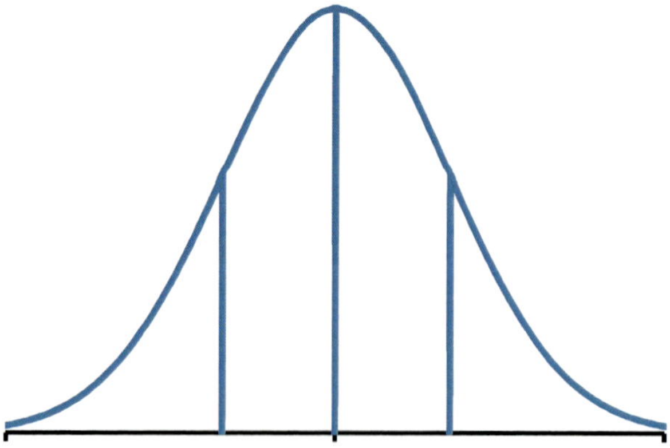

図 4.7 : $X \sim N(\mu . \sigma^2)$ のグラフ

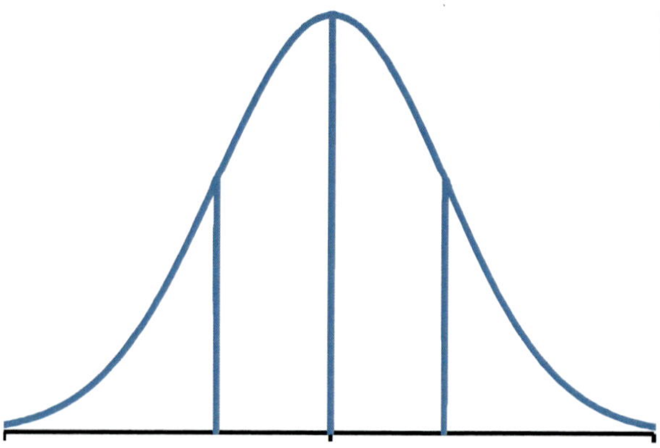

図 4.8 : 平均の役割(兵庫と富山の比較)

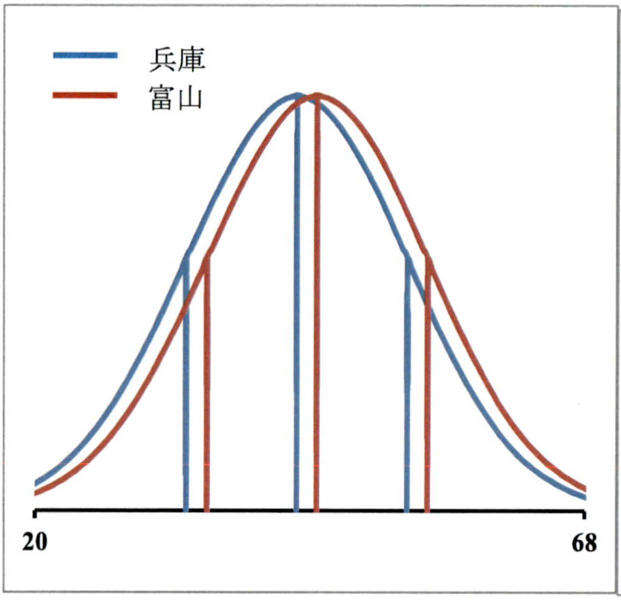


図 4.9 : 分散の役割(新潟と栃木の比較)

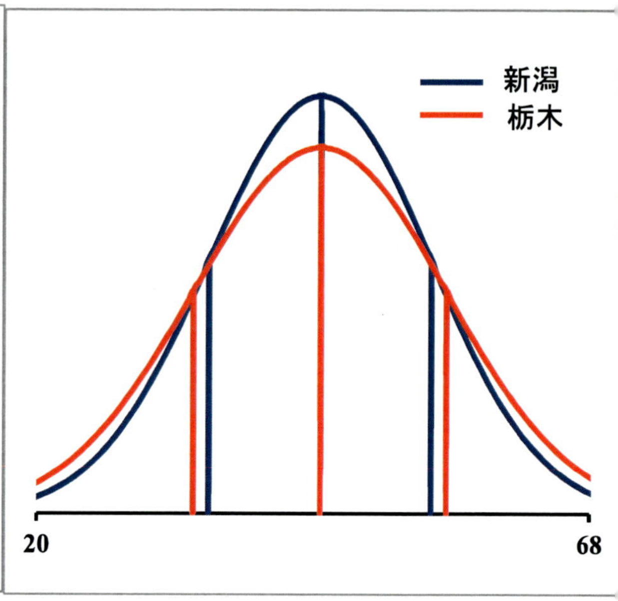


$Z \sim N(0,1)$ のグラフ　図 4.10

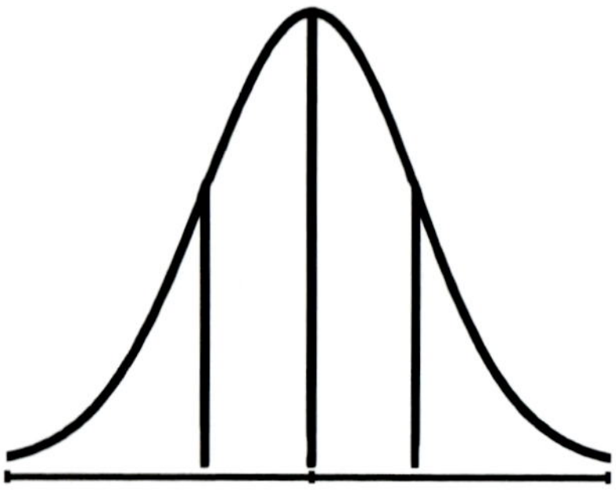

図 4.11

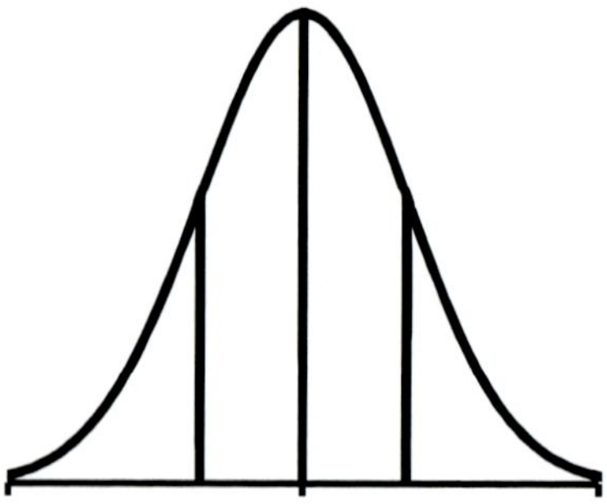

図 4.12

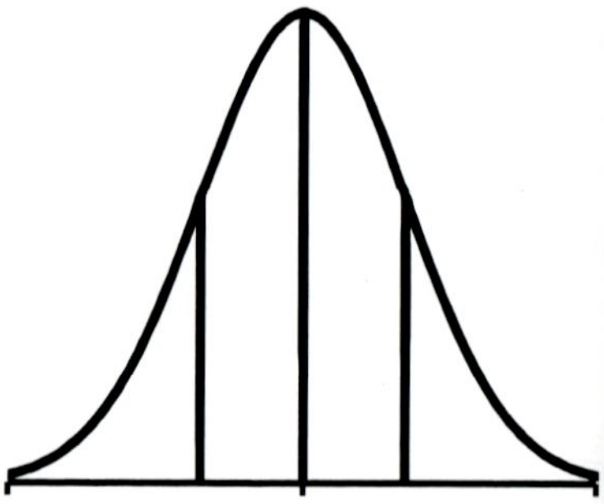

## 4.2 正規分布

連続変量の確率分布のうち最も重要であるのが**正規分布** (Normal distribution) である．この分布は自然界においても社会現象においてもよくみられる形で基礎的な統計分析ではなくてはならないものである．Data 1.3 の母集団の分布として推測された形がこの正規分布である．

[1] **正規分布 $\boldsymbol{N}(\mu, \sigma^2)$ の形状**

連続変量 $X$ が平均 $\mu$ (ミュー) 分散 $\sigma^2$ (シグマ 2 乗) の正規分布に従うことを $X \sim \boldsymbol{N}(\mu, \sigma^2)$ と表記する．正規分布の形状は次の特徴をもつ．

① 単峰　② 対称　3 ベル型

**事例 4.3**

ある県の 8 歳男児の体重 $X$ (kg) の分布は 平均 27.2 kg, 分散 30.25 の正規分布である．この分布のグラフを描こう．

**解説** $X \sim$ [ ク) ]

$X$ の分布形：図 4.6 参照

- 分布の形状: 単峰である

  **対称性**：[ ケ) ] を対称軸とする

  凹凸の切り替え位置：[ コ) ] と [サ) ]

  この位置を [ シ) ] という

**要点 4.2 正規分布**

図 4.7 参照

連続変量 $X$ が平均 $\mu$, 分散 $\sigma^2$ の正規分布に従うとき,

[ ス) ] と記す

$X$ の 平均：$\mathrm{E}[X] = \mu$,　分散：$\mathrm{V}[X] = \sigma^2$，　標準偏差：$\mathrm{D}[X] = \sqrt{\sigma^2} = \sigma$

- $\boldsymbol{N}(\mu, \sigma^2)$ のグラフ

  対称軸 [ セ) ], 変曲点 [ ソ) ]

- $\boldsymbol{N}(\mu, \sigma^2)$ の確率密度関数

$$f(x) = \frac{1}{\sqrt{2\pi}\sigma} e^{-\frac{(x-\mu)^2}{2\sigma^2}}, (-\infty < x < \infty)$$

[2] **正規分布の平均と分散**

*) 平均 $\mu$, 分散 $\sigma^2$ の変化により分布形にどう影響があるのかを考えよう．

**事例 4.4** 平均と分散の役割

政府統計によると, 全国の小学高学年生男児の体重は正規分布 $\boldsymbol{N}(44.0, 96.43)$ とみられる. また, 都道府県別の分布についても公表されているが, ここでは次の 4 県を例にみよう.

小学高学年の体重 (都道府県別)

兵庫 : 平均 42.8, 分散 94.67　　富山 : 平均 44.6, 分散 94.67

新潟 : 平均 44.5, 分散 92.74　　栃木 : 平均 44.5, 分散 120.56

いずれも正規分布とみなせる. 平均と分散の違いが分布形にどのような影響を及ぼすかをみていこう.

**解説** (1) 平均の差による分布形の違い

- 兵庫と富山の分布形 (図 4.8)

分散が同じであるが, 富山の方が平均が大きい. 次のような違いが出る.

平均が大きくなる → [ タ) ]

平均が小さくなる → [ チ) ]

(2) 分散の差による分布形の違い

新潟と栃木の分布形 (図 4.9)

平均が同じであるが, 栃木の方が分散が大きい. 次のような違いが出る.

分散が大きくなる → [ ツ) ]

→ [ テ) ]

分散が小さくなる → [ ト) ]

→ [ ナ) ]

## 4.3 正規分布の確率

*) 連続変量の確率は分布のグラフにおける面積で表現されることがわかったが, 正規分布のグラフで面積を求めるのは非常に困難である. これについては分布表が準備されており, これを用いて確率を計算することを学ぼう.

**事例 4.5** 確率導出の原理

試験の成績を表示する偏差値 $X$ は平均 50, 分散 100 の正規分布を模して, 計算される. そこで, 偏差値が「50 以上 65 以下」である確率を求めてみよう.

[1] **標準化**

*) 平均と分散はさまざまな値になり得るが, その都度にグラフを変えてみるのは大変であろう. そこで次のような工夫をする.

**要点 4.3 正規分布の標準化**

$X \sim \boldsymbol{N}(\mu, \sigma^2)$ のとき変換

$$Z = [\text{ ニ) }\qquad\qquad\qquad\qquad] \sim \boldsymbol{N}(0,1)$$

により, 変量 $Z$ は平均 0, 分散 1 の正規分布となる.

$\boldsymbol{N}(0,1)$ を [ ヌ)                ] という

**解説** 事例 4.5

偏差値 $X$ の分布は $X \sim \boldsymbol{N}(50, 100)$ であるが, 標準化すると

$$Z = [\text{ ネ) }\qquad\qquad\qquad\qquad] \sim \boldsymbol{N}(0,1)$$

偏差値 50 以上 65 以下を $Z$ に変換すると

$$50 \leqq X \leqq 65 \Rightarrow 0 \leqq Z \leqq [\text{ ノ) }\qquad\qquad\qquad\qquad]$$

従って, $\mathrm{P}[50 \leqq X \leqq 65] = \mathrm{P}[0 \leqq Z \leqq [ノ]]$ であり,

この確率は図 4.10 の陰影の部分の面積で表される.

この値は巻末の標準正規分布表の [ノ] に対する値を読んで [ ハ)        ] と出る.

[2] **確率計算**

**事例 4.6** 正規分布の確率

小学高学年児の体重 $X$ の母集団分布は, ほぼ $X \sim \boldsymbol{N}(44.0, 96.43)$ であるという. このとき, 次の人の割合を推測しよう

(1) 50 kg 以上　　(2) 30 kg 以上 40 kg 以下

**解説** $X \sim \boldsymbol{N}(44.0, 96.43)$ を標準化する

$$Z = [\text{ ヒ) }\qquad\qquad\qquad\qquad] \sim \boldsymbol{N}(0,1)$$

(1) 確率 P[$X \geqq$ 50] を求める

$X \geqq 50 \Leftrightarrow Z \geqq$ [ フ)                                  ] = [ ヘ)                  ]

これをグラフ (図 4.11 を描こう) に表示して

P[$X \geqq$ 50] = P[ $Z \geqq$ [ヘ] ] = 0.5 − [ ホ)                  ] = [ マ)                  ]

従って, およそ [ ミ)                  ] % と推測される

(2) 確率 P[30 $\leqq X \leqq$ 40] を求める

30 $\leqq X \leqq$ 40 $\Leftrightarrow$

[ ム)                                  $\leqq Z \leqq$                                  ]

よって, グラフ (図 4.12 を描こう) に表示して

P[30 $\leqq X \leqq$ 40] = P[ メ)                                  ]

= P[ モ)                                  ]

= [ ヤ)                  ] = [ ユ)                  ]

従って, およそ [ ヨ)                  ] % と推測される

−−−−−−−−−−−−−−−−−−−−−−−−−補完−−−−−−−−−−−−−−−−−−−−−−−−−

- 空欄

(p.20) ア) 連続するグラフ　イ) 確率密度関数　ウ) 1　エ) 範囲　オ) 面積

カ) $\displaystyle\int_{-\infty}^{\infty} xf(x)\,dx$　キ) $\displaystyle\int_{-\infty}^{\infty} (x - \mathrm{E}[X])^2 f(x)\,dx$

(p.23) ク) $\boldsymbol{N}(27.2, 30.25)$　ケ) $x = 27.2$, 平均　コ) $x = 21.7$　サ) $x = 32.7$　シ) 変曲点

ス) $X \sim \boldsymbol{N}(\mu, \sigma^2)$　セ) $x = \mu$　ソ) $x = \mu - \sigma,\ x = \mu + \sigma$

(p.24) タ) 右に平行移動　チ) 左に平行移動　ツ) 山が低くなり, 裾が広がる

テ) バラツキが大きくなる　ト) 山が高くなり, 裾が狭まる　ナ) 平均への集中度が高まる

(p.25) ニ) $\dfrac{X - \mu}{\sigma}$　ヌ) 標準正規分布　ネ) $\dfrac{X - 50}{10}$　ノ) 1.50

ハ) 0.4332　ヒ) $\dfrac{X - 44.0}{\sqrt{96.43}}$

(p.26) フ) $\dfrac{50 - 44.0}{\sqrt{96.43}}$　ヘ) 0.61　ホ) 0.2291　マ) 0.2709　ミ) 27.1

ム) $\dfrac{30 - 44.0}{\sqrt{96.43}} \leqq Z \leqq \dfrac{40 - 44.0}{\sqrt{96.43}}$　モ) $-1.43 \leqq Z \leqq -0.41$　ヤ) 0.4236 − 0.1591

ユ) 0.2645　ヨ) 26.5

# V. 母集団と標本

本講におけるテーマは母集団情報の推測である.

① 母集団の平均と分散の推定量　② 標本平均の平均と分散　③ 標本平均の確率分布

統計調査の目的は母集団の情報を信頼度高く推測することである. 母集団の様相, すなわち**母集団分布**を推測することが目的であるが, これを特定するのは一般には困難なことである. そこで, 母集団の特徴を表す特性量を推測することが必要となる. この講では, そのうち基本的な**母平均**の推測の問題を考えよう.

## 5.1 母集団特性量の推定

母集団分布は理論的には確率分布で表現する. その平均, 分散, 標準偏差は母集団の平均, 分散, 標準偏差である. これらの特性量はそれぞれ [ア)　　　　　　　], [イ)　　　　　　　], [ウ)　　　　　　　] と呼ばれる. その推定は取集された標本から計算される**統計量**で行う. 習慣上, [ア] を $\mu$, [イ] を $\sigma^2$, [ウ] を $\sigma$ で表す.

推測のために収集される標本は次のような**任意標本**であることが条件となる.

**要点 5.1 任意標本**

- 母平均 $\mu$, 母分散 $\sigma^2$ の母集団から標本数 $n$ の標本を収集する

  これらを　$X_1, X_2, \cdots, X_n$　とするとき,

  **任意標本** であるためには次の 2 条件が必要となる

  (i) 各変量は [ア)　　　　　　　　　　] に従い,

  各変量の平均と分散は [イ)　　　　　　　　　　　　　　] である

  (ii) $n$ 個の変量は互いに影響を及ぼさない ⇒ [ウ)　　　　　　　　　] である

*) 任意標本から計算される量を**統計量**, そのうち母集団の特性量を推定するために使われるものを**推定量**という. 推定量として使われるためにはどのような条件が必要であるか.

## 5.2 母平均と母分散の推定量

[1] **母平均の推定量**

*) 母平均の推定量について考えよう.

**事例 5.1** 母平均の推定値

Data 1.2 をもとにこの都市における自転車関連の年間平均交通事故件数 (母平均) を推測しよう.

**[解説 ]** 事例 2.1 で計算した平均 [エ)　　　　　　　] が推定値である.

これが母平均の推定値である根拠は何であろうか

事例 5.4 で使われた統計量は **標本平均** と呼ばれる. これが母平均の推定量として使われるのは次の性質による.

**要点 5.2 標本平均**

- 要点 5.1 に対して, 母平均 $\mu$ の推定量は

[オ)　$\overline{X} =$　　　　　　　　　　　　　　　]

変量として $\overline{X}$ の平均は [カ)　　　　　　　　　　　　　　] に一致する

この意味は, 標本平均の値は [オ] を中心として分布する

この性質を母平均 $\mu$ に対して, $\overline{X}$ は [キ)　　　　　　　　　　] をもつという

*) 推定対象の特性量に平均が一致する推定量は**不偏性**をもつという

**事例 5.2** 標本平均の平均と分散

要点 5.1 の任意標本に対して,

(1.1)　$\mathrm{E}\left[\sum_{i=1}^{n} X_i\right] = n\mu$　　　(1.2)　$\mathrm{V}\left[\sum_{i=1}^{n} X_i\right] = n\sigma^2$

(2.1)　$\mathrm{E}\left[\overline{X}\right] = \mu$　　　(2.2)　$\mathrm{V}\left[\overline{X}\right] = \dfrac{\sigma^2}{n}$

**[解説 ]** $n = 2$ のときを考えよう

$$\mathrm{E}[X_1 + X_2] = \mathrm{E}[X_1] + \mathrm{E}[X_2] = \mu + \mu = 2\mu$$

$$\mathrm{E}\left[\frac{X_1 + X_2}{2}\right] = \frac{1}{2}(2\mu) = \mu$$

任意標本は独立なので,

$$\mathrm{V}[X_1 + X_2] = \mathrm{V}[X_1] + \mathrm{V}[X_2] = \sigma^2 + \sigma^2 = 2\sigma^2$$

$$\mathrm{V}\left[\frac{X_1 + X_2}{2}\right] = \left(\frac{1}{2}\right)^2 (2\sigma^2) = \frac{\sigma^2}{2}$$

- $n=3$ のときを考えよう

$$\mathrm{E}[X_1+X_2+X_3]=\mathrm{E}[X_1]+\mathrm{E}[X_2]+\mathrm{E}[X_3]=\mu+\mu+\mu=3\mu$$

$$\mathrm{E}\left[\frac{X_1+X_2+X_3}{3}\right]=\frac{1}{3}(3\mu)=\mu$$

任意標本は独立なので,

$$\mathrm{V}[X_1+X_2+X_3]=\mathrm{V}[X_1]+\mathrm{V}[X_2]+\mathrm{V}[X_3]=3\sigma^2$$

$$\mathrm{V}\left[\frac{X_1+X_2+X_3}{3}\right]=\left(\frac{1}{3}\right)^2(3\sigma^2)=\frac{\sigma^2}{3}$$

- 一般に $n$ のときも成り立つ

**要点 5.3 標本平均の平均と分散**

- 要点 5.1 の任意標本に対して, 標本平均の平均と分散は

$$\mathrm{E}\left[\overline{X}\right]=\mu\ ,\qquad \mathrm{V}\left[\overline{X}\right]=\frac{\sigma^2}{n},\qquad (\mu:\text{母平均},\ \sigma^2:\text{母分散})$$

*) $\overline{X}$ の値は母平均を中心に分布するが, $n$ が大きくなるほどバラツキが小さくなる

[2] **母分散の推定量**

**事例 5.3** 母分散の推定値

Data 1.2 をもとにこの都市における自転車関連の交通事故件数の分散 (母分散) を推測しよう.

[**解説** ] 事例 2.2 で計算した標本分散 $u_x^2$ は母分散の推定値ではない

母分散の推定値は次式のように計算される

$$v_x^2=\frac{s_x^2}{15-1}=\frac{14192.4}{14}=[ク)\qquad\qquad ]$$

*) この統計値を**不偏分散**という

**要点 5.4 不偏分散**

- 要点 5.1 の任意標本に対して, 母分散の推定量は次式で与えられる

$$\mathrm{V}_X^2=\frac{S_X^2}{n-1}\ ,\ \text{ここで}\ \ S_X^2=\sum_{i=1}^{n}(X_i-\overline{X})^2\ \ (\text{標本変動})$$

*) この統計量を **不偏分散** という

*) 不偏分散が母分散に対して不偏性をもつのは次の性質による.

要点 5.1 の任意標本に対して,

$$(1)\quad \mathrm{E}\left[S_x^2\right] = (n-1)\sigma^2 \qquad (2)\quad \mathrm{E}\left[V_x^2\right] = \sigma^2$$

## 5.3 推定の精度

母平均の推定が標本平均を用いてできることはわかったが, どの程度に精確な推定になるのかを考えよう. 統計において推定の精度 (信頼度) は確率で与えられるので, 標本平均の確率分布について調べる必要がある.

[1] **母集団の区分**

*) 母集団は推定への取り扱い上, 2 つの型に分けて考える.

**要点 5.5 母集団の区分**

- 母集団は次の 2 つの型に区分される

① [ ケ)　　　　　　　　　　　　　　] : 母集団分布が正規分布である場合

母平均 $\mu$, 母分散 $\sigma^2$ の正規母集団を

[コ)　　　　　　　　　　　　　　　　] と書く

② [ サ)　　　　　　　　　　　　　　] : 母集団分布が正規分布でない場合

*) 離散変量の母集団はすべて一般母集団

[2] **標本平均の確率分布 : 正規母集団の場合**

*) 正規母集団からの任意標本の標本和の確率分布は, また正規分になることが知られている. 次の例をみよう.

**事例 5.4** 標本平均の確率分布 : 正規般母集団の場合

正規母集団 $\boldsymbol{N}(50,100)$ から 2 個の標本 $X_1, X_2$ を抽出し, その和 $X_1+X_2$ の確率分布がどうなるかをみよう. さらに 3 個目の標本 $X_3$ を抽出し, その和 $X_1+X_2+X_3$ の確率分布がどうなるかをみよう. また標本平均の確率分布もどうなるかみよう.

**[解説]** 正規分布に従う変量の和はまた正規分布になることが知られている.

この性質を [ シ)　　　　　　　　　　　　] という.

図 5.1 はその状況を示している. 1 個の標本では $X_1 \sim \boldsymbol{N}(50,100)$ であるが

2 個の場合 : $X_1+X_2 \sim$ [ス)　　　　　　　　　　　　　　]

$$\frac{X_1+X_2}{2} \sim [セ) \qquad\qquad\qquad\qquad ]$$

3 個の場合 ： $X_1+X_2+X_3 \sim [ソ) \qquad\qquad\qquad\qquad ]$

$$\frac{X_1+X_2+X_3}{3} \sim [タ) \qquad\qquad\qquad\qquad ]$$

図 5.1 正規分布の再生性

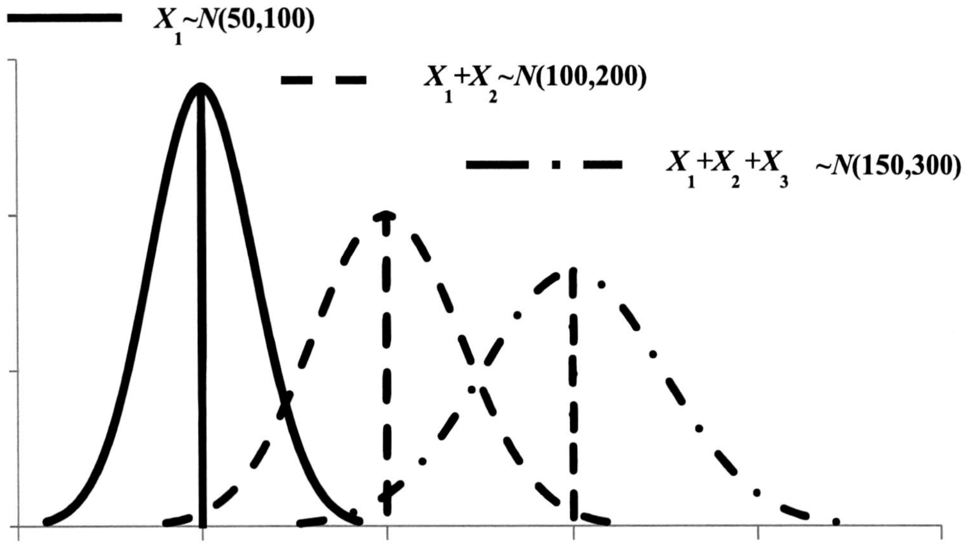


**要点 5.6 正規母集団の再生性**

- 正規母集団 $\boldsymbol{N}(\mu,\sigma^2)$ からの任意標本に対して

① 標本和の確率分布は正規分布になる

$$\sum_{i=1}^{n} X_i \sim \boldsymbol{N}(n\mu, n\sigma^2)$$

② 標本平均の確率分布も正規分布になる

$$\overline{X} \sim [チ) \qquad\qquad\qquad\qquad ]$$

*) ② を標準化してみよう

$$Z = [ツ) \qquad\qquad\qquad\qquad ] \sim \boldsymbol{N}(0,1)$$

[3] **推定の精度**

*) 標本平均の確率分布が分かれば推定の精度を出すことができる.

**事例 5.5** 母平均の推定の精度

Data 1.3 の 6 歳女児の身長について, 課題 3.2 で標本数 $n = 132$ の度数分布から平均身長の推定値は $\bar{x} = 115.67$ (cm) と計算された. この推定が全体の平均身長 $\mu$ (cm) から $\pm 0.5$ (cm) 以内に納まる精度は何 % 程度といえるか. この母集団は母分散が 24 の正規母集団とみなせる.

**解説** 統計では精度を確率に置き換えて求める

- $\mu$ (cm) を 6 歳女児全体の平均身長 (母平均) として, $|\overline{X} - \mu| < 0.5$ である確率を計算する

  母分散 24 の正規母集団において, $\overline{X} \sim \boldsymbol{N}\left(\mu, \dfrac{24}{132}\right)$

  標準化すると

  $$Z = [\text{テ}) \qquad\qquad\qquad\qquad ] \sim \boldsymbol{N}(0,1)$$

  $\pm 0.5$ cm 以内に納まるためには

  $$|\overline{X} - \mu| < 0.5 \quad \Leftrightarrow \quad |Z| < [\text{ ト}) \qquad\qquad ]$$
  $$= [\text{ナ}) \qquad\qquad ]$$

  よって, $\mathrm{P}[|\overline{X} - \mu| < 0.5] = \mathrm{P}[|Z| < [\text{ナ}]]$
  $$= [\text{ ニ}) \qquad\qquad\qquad ] = [\text{ヌ}) \qquad\qquad ]$$

  従って, 約 [ ネ)                ] % の精度といえる.

  *) この結果は, **信頼度** [ネ] % で平均身長は $115.67 \pm 0.5$ (cm) であるともいえる

------------------------補完------------------------

- 空欄

  (p.27) ア) 同一の確率分布　イ) $\mathrm{E}[X_i] = \mu$, $\mathrm{V}[X_i] = \sigma^2$　ウ) 互いに独立

  エ) 115.2 (件/年)　オ) $\dfrac{1}{n}\displaystyle\sum_{i=1}^{n} X_i = \dfrac{\text{標本和}}{\text{標本数}}$　カ) 母平均 $\mu$　キ) 不偏性

  (p.29) ク) 1013.743

  (p.30) ケ) 正規母集団　コ) $\boldsymbol{N}(\mu, \sigma^2)$　サ) 一般母集団　シ) 再生性　ス) $\boldsymbol{N}(100, 200)$

  (p.31) セ) $\boldsymbol{N}(50, 50)$　ソ) $\boldsymbol{N}(150, 300)$　タ) $\boldsymbol{N}\left(50, \dfrac{50}{3}\right)$　チ) $\boldsymbol{N}\left(\mu, \dfrac{\sigma^2}{n}\right)$　ツ) $\dfrac{\overline{X} - \mu}{\sqrt{\sigma^2/n}}$

  (p.32) テ) $\dfrac{\overline{X} - \mu}{\sqrt{24/132}}$　ト) $\dfrac{0.5}{\sqrt{24/132}}$　ナ) 1.17　ニ) $2 \times 0.3790$　ヌ) 0.7580　ネ) 75.8

# VI. 母平均の推定

本講におけるテーマは母平均の推定である.

① 信頼度を付した推定　② 母分散既知の場合の推定　③ 母分散未知の場合の推定

前講では推定における精度, すなわち信頼性について学んだ. この講では, 信頼度を付した母平均の推定法を学ぼう. ここでは母集団または任意標本の状況により推定のもとになる統計量が異なるので, その使い分けが非常に重要になる.

## 6.1 正規母集団における推定

正規母集団における母平均の推定を行う. 事例 5.5 での精度の考え方を逆に捉えて, 任意標本から得られた統計情報をもとに分析者が求める信頼度を充足する推定法を考えよう.

**事例 6.1** 母平均の推定 (1)

Data 1.3 の 6 歳女児の身長について, 課題 3.2 で標本数 $n = 132$ の度数分布から平均身長の推定値は $\overline{x} = 115.67$ (cm) と計算された. 事例 5.5 にあるようにこの母集団は母分散が 24 の正規母集団とみなせる. これらの統計情報をもとに全体の平均身長 $\mu$ (cm) を信頼度 95% で推定したい.

**解説**　母平均 $\mu$ に対して, 信頼度を付した推定を考えよう

- 得られた統計情報をまとめると,

　　母分散が 24 と**既知**の正規母集団から標本数 132 の任意標本により $\overline{x} = 115.67$ を得た

- $\mu$ (cm) を 6 歳女児全体の平均身長 (母平均) とする

① 母平均の推定量である標本平均 $X$ は母分散 24 の正規母集団において, $\overline{X} \sim \boldsymbol{N}\left(\mu, \dfrac{24}{132}\right)$

標準化して, **推定統計量**が作られる

$$Z = [\ ア) \qquad\qquad\qquad\qquad ] \sim \boldsymbol{N}(0,1)$$

② 信頼度 95% を $\boldsymbol{N}(0,1)$ により付ける

この確率分布は [ イ) 　　　　　　　　] の周辺が信頼度高く設定できるので

信頼度 95% は $P[|Z| < c] = 0.95$ である $c$ (**臨界値**) により保証される

$c$ を巻末の標準正規分布表 A2 により求めると $c =$ [ ウ)　　　　　　　]

③ $\mu$ について計算して信頼区間ができる

$$|Z| < 1.960 \quad \Leftrightarrow \quad \frac{|\overline{X} - \mu|}{\sqrt{24/132}} < 1.96$$

$$\Leftrightarrow \quad |\overline{X} - \mu| < 1.96 \times \sqrt{\frac{24}{132}} = 0.835$$

よって　$|\overline{X} - \mu| <$ [ エ)　　　　　　　](0.835 を切上)

従って, [オ)　　　　　　　　　　　　　　　　] が出る

④ 統計情報である $\overline{x} = 115.67$ を代入して**信頼区間**を計算する

$$115.67 - 0.84 < \mu < 115.67 + 0.84 \Rightarrow \text{[カ)} \qquad\qquad \text{]}$$

⑤ 推定結果をまとめる

この県における 6 歳女児全体の平均身長は信頼度 95% で

[ キ)　　　　　　　] 以上 [ ク)　　　　　　　] 以下であると推定される

## 6.2　一般母集団における推定

前節でみたように正規分布の場合, 正規分布の再生性により標本平均の確率分布がわかり信頼度を付けることができた. それに対し, 一般母集団の場合はこれほど単純なわけではない. ここでは, まず一般母集団の任意標本に対する標本平均の確率分布について学ぼう.

[1] **中心極限定理**

**事例 6.2**　標本平均の分布

サイコロを $n$ 個投げ出た目の平均を求め, その分布を調べよう.

**解説**　これは離散変量であり, 一般母集団として扱う

もとのサイコロの目の確率分布は 図 6.1(1, p.40) で与えられる

$n = 2$ の場合, 2 個のサイコロの目を $X_1, X_2$ とし,

$\dfrac{X_1 + X_2}{2}$ の確率分布は 図 6.1(2) となる

$n = 5$ の場合, 5 個のサイコロの目を $X_i$, $(i = 1, 2, \cdots, 5)$ とし,

$\dfrac{\sum_{i=1}^{5} X_i}{5}$ の確率分布は 図 6.1(3) となる

いずれも図 6.1 (1) と異なる, 正規分布と違いサイコロの目の分布については再生性はない

サイコロの個数を増やして, $n = 50$ の標本平均 $\overline{X}$ の確率分布が 図 6.2 (p.40) である

これと正規分布のグラフを比べると非常に近いものなることが観察される

これはサイコロに限った現象ではなく, どのような一般母集団でもいえることである

このように一般母集団における標本平均の確率分布は $n$ を十分に大きくすれば

正規分布に近づく

この性質を [ ケ)　　　　　　　　　　　　　　　　　] という

**要点 6.1 中心極限定理**

- 母平均 $\mu$, 母分散 $\sigma^2$ の一般母集団において,

  標本数 $n$ が十分に大きいとき, 標本平均 $\overline{X}$ の確率分布は

  $$\boldsymbol{N}\left(\mu, \frac{\sigma^2}{n}\right) \text{ で近似できる}$$

  この定理を次のように表記する

  [コ)　　　　　　　　　　　　　　　　　　　　　　　　]

  *) $\approx$ は分布が近似できることを意味する

  *) この定理の適用条件 : $n \geqq 30$ といわれているが安全を期して $n \geqq 50$ としよう

[2] **母平均の推定 : 一般母集団**

中心極限定理を応用して, 一般母集団の母平均に対し信頼度を付した推定ができる.

**事例 6.3** 母平均の推定

全国レベルで実施されたある試験科目の得点は過去の資料から母分散が 450 程度であるが, 正規分布ではない. 速報値として, 600 人の平均点が 60.26 点と公表された. これからこの科目の全体の平均点 (母平均) を信頼度 90% で推定したい.

**解説** 母分散が既知の一般母集団の母平均に対して, 信頼度を付した推定を考えよう

- 得られた統計情報をまとめると,

  母分散が 450 と**既知**の一般母集団から標本数 600 の任意標本により $\overline{x} = 60.26$ を得た

- $\mu$ (点) をこの試験科目の受験者全体の平均点 (母平均) とする

① 母平均の推定量である標本平均 $\overline{X}$ は母分散 450 の一般母集団において,

標本数が 600 と十分に大きいので, 中心極限定理により $\overline{X} \approx \boldsymbol{N}\left(\mu, \dfrac{450}{600}\right)$

標準化して, **推定統計量**が作られる

$Z = $ [サ)                                        ] $\approx \boldsymbol{N}(0,1)$

② 信頼度 90% を $\boldsymbol{N}(0,1)$ により付ける

信頼度 90% は $\mathrm{P}[|Z| < c] = 0.90$ である $c$ (**臨界値**) により保証される

$c$ を巻末の標準正規分布表 A2 により求めると $c =$ [シ)                ]

③ $\mu$ について計算して信頼区間ができる

$$|Z| < 1.645 \quad \Leftrightarrow \quad \frac{|\overline{X} - \mu|}{\sqrt{450/600}} < 1.645$$

$$\Leftrightarrow \quad |\overline{X} - \mu| < 1.645 \times \sqrt{\frac{450}{600}} = 1.424$$

よって　$|\overline{X} - \mu| <$ [ス)                ](1.424 を切上)

従って, [セ)                                        ] が出る

④ 統計情報である $\overline{x} = 60.26$ を代入して**信頼区間**を計算する

$60.26 - 1.43 < \mu < 60.26 + 1.43 \Rightarrow$ [ソ)                ]

⑤ 推定結果をまとめる

この試験科目の受験者全体の平均点は信頼度 90% で

[ タ)                ] 以上 [ チ)                ] 以下であると推定される

## 6.3 母分散未知の場合の推定

ここまでは母分散既知の場合に推定できることをみてきたが, この情報がない場合に $Z$ が使えない. ここでは母分散未知の場合に母平均がどう推定できるかを学ぼう.

[1] $t$ **分布**

*) 母分散の情報がない (母分散未知の) 正規母集団において, 母平均に対し信頼度を付して推定することを考えよう.

**事例 6.4** 統計量 $T$

Data 1.2 に対して, 事例 5.3 (p.29) では母分散の推定値は不偏分散 $v_x^2$ であることを学んだ. この母集団はほぼ正規母集団とみられるが母平均 $\mu$ の推定がどのようにできるかをみていこう.

**解説** Data 1.2 の母集団のように母分散既知の正規母集団では

不明な母分散 $\sigma^2$ を用いて標準化式ができる (標本数 $n = 15$ に留意)

$$Z = \frac{\overline{X} - \mu}{\sqrt{\sigma^2/n}} \sim \boldsymbol{N}(0, 1)$$

しかし, 母分散が未知であるためこれ以上の計算ができない

そこで, 当然の考え方として $\sigma^2$ を推定値である不偏分散 $v_x^2$ で置き換えたらどうであろう

つまり新たな統計量 $\dfrac{\overline{X} - \mu}{\sqrt{v_x^2/n}}$ が考えられる

これは $Z$ と違い, もはや正規分布とはいえない

この統計量を $T$ と表し, **$t$ 統計量**と呼ぶ. この確率分布について学ぼう

**要点 6.2 $t$ 分布**

- 母分散未知の正規母集団において, 標本数 $n$ の任意標本から計算した

  母分散の推定値 $v_x^2$ (不偏分散) を用いて作られる $t$ 統計量には次の特徴がある

  (*) 0 について対称: $\boldsymbol{N}(0, 1)$ と共通の性質 (図 6.3, p.40))

  (*) $\boldsymbol{N}(0, 1)$ より [ ツ) ]

  (*) $n$ を大きくすると [ テ) ]

  (*) この分布は $n$ により異なり, **自由度 $n - 1$ の $t$ 分布**という

  これを $T = \dfrac{\overline{X} - \mu}{\sqrt{v_x^2/n}} \sim \boldsymbol{t}(n - 1)$ と記す

[2] $t$ 分布による信頼度

*) $t$ 分布は単峰で $t = 0$ に対して対称形であるから $\boldsymbol{N}(0, 1)$ と同じく, 分布で最も偏りのある部分の周辺 $|T| < c$ に信頼度を付けることができる. 望まれる信頼度に対して臨界値 $c$ を出すために $t$ 分表を使う.

**要点 6.3 $t$ 分布における信頼度**

- 信頼度 $100\beta\%$ に対する臨界値 $c$ ; 自由度により異なる $\beta = \mathrm{P}[|T| < c]$

  臨界値は巻末の $t$ 分布表を利用する

**事例 6.5** $t$ 分布による推定

Data 1.2 に対して, 信頼度 95% で母平均 $\mu$ の推定をしよう

解説 統計情報；**母分散未知**の正規母集団

標本数：$n = 15$, 標本平均：$\overline{x} = 115.2$, 不偏分散：$v_x^2 = 1013.743$

① 推定統計量とその分布

母分散未知の正規母集団なので,

$T =$ [ ト) ]

② 信頼度設定, 臨界値：( $t$ 分布表を使う)

信頼度 95 % として, $\mathrm{P}[|T| < c] = 0.95$ である臨界値を出す

図 6.4 (信頼度に対する臨界値, p.40)

自由度 14 のラインから信頼度 $\beta = 0.95$ に対する $c =$ [ ナ) ]

③ $\mu$ について計算

$$|T| < [ナ] \Leftrightarrow \frac{|\overline{X} - \mu|}{\sqrt{1013.743/15}} < [ナ]$$

$$\Leftrightarrow |\overline{X} - \mu| < [ナ] \times \sqrt{\frac{1013.743}{15}} = [\ ニ)\qquad ](\text{切上})$$

$$\Leftrightarrow \overline{X} - [ニ] < \mu < \overline{X} + [ニ]$$

④ 信頼区間の計算

$\overline{x} = 115.2$ を代入して　$\Leftrightarrow\ 115.2 - [ニ] < \mu < 115.2 + [ニ]$

$\Leftrightarrow$ [ ヌ) ](95%信頼区間)

⑤ 推定結果：この地域の自転車関連の年間平均交通事故件数は 95 % の信頼度で

[ ネ) ] の間であると推定できる．

## 6.4 母平均の区間推定

*) 母平均について信頼度を付して推定する分析法を手順にそってまとめよう．

① 推定統計量とその分布：状況に応じて使い分ける

(A) 母分散 ($\sigma^2$) 既知の場合

(A1) 正規母集団においては, 無条件に

(A2) 一般母集団において, $n$ が十分大きい場合 ($n \geqq 50$)

$$Z = \frac{\overline{X} - \mu}{\sqrt{\sigma^2/n}} \begin{cases} \sim & \boldsymbol{N}(0,1) \\ \approx & \boldsymbol{N}(0,1) \text{ (中心極限定理)} \end{cases}$$

(B) 母分散未知の正規母集団の場合

$$T = \frac{\overline{X} - \mu}{\sqrt{v_x^2/n}} \sim \boldsymbol{t}(n-1)$$

② 信頼度設定, 臨界値 $c$

信頼度 $100\alpha\%$ に対して, (A) $\mathrm{P}[|Z| < c] = \alpha$ , (B) $\mathrm{P}[|T| < c] = \alpha$

臨界値 $c$ をそれぞれの分布表で求める

③ $\mu$ について計算

(A) $|Z| < c$ , (B) $|T| < c$ を計算, $\mu$ について計算する

④ 信頼区間の計算

統計値を代入して信頼区間を出す

⑤ 推定結果 を状況に応じてまとめる

−−−−−−−−−−−−−−−−−−−−−−−−−−補完−−−−−−−−−−−−−−−−−−−−−−−−−−

- 空欄

(p.33) ア) $\dfrac{\overline{X} - \mu}{\sqrt{24/132}}$　　イ) $z = 0$

(p.34) ウ) 1.960　エ) 0.84　オ) $\overline{X} - 0.84 < \mu < \overline{X} + 0.84$　カ) $114.83 < \mu < 116.51$

キ) 114.83 cm　ク) 116.51 cm

(p.35) ケ) 中心極限定理　コ) $\overline{X} \approx \boldsymbol{N}\left(\mu, \dfrac{\sigma^2}{n}\right)$

(p.36) サ) $\dfrac{\overline{X} - \mu}{\sqrt{450/600}}$　シ) 1.645　ス) 1.43　セ) $\overline{X} - 1.43 < \mu < \overline{X} + 1.43$

ソ) $58.83 < \mu < 61.59$　タ) 58.83 点　チ) 61.59 点

(p.37) ツ) 裾が広がり, 分散が大きい　テ) $\boldsymbol{N}(0,1)$ に近づく

(p.38) ト) $\dfrac{\overline{X} - \mu}{\sqrt{1013.743/15}} \sim \boldsymbol{t}(14)$　ナ) 2.145　ニ) 17.7

ヌ) $97.5 < \mu < 132.9$　ネ) 97.5 件以上 132.9 以下

図 6.1 : サイコロの目の平均の確率分布

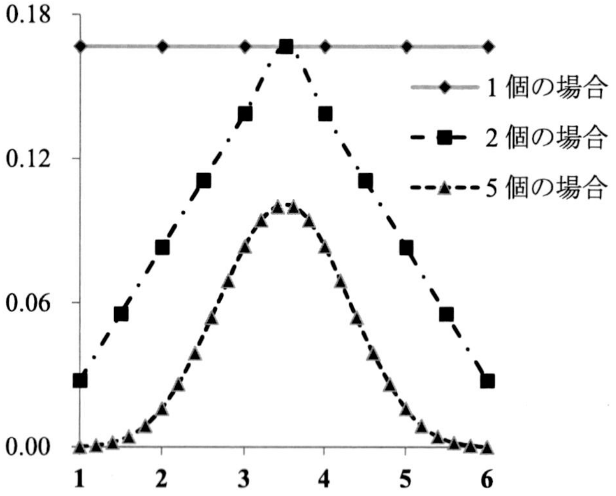


図 6.2 : 目の平均の確率分布(50 個の場合)

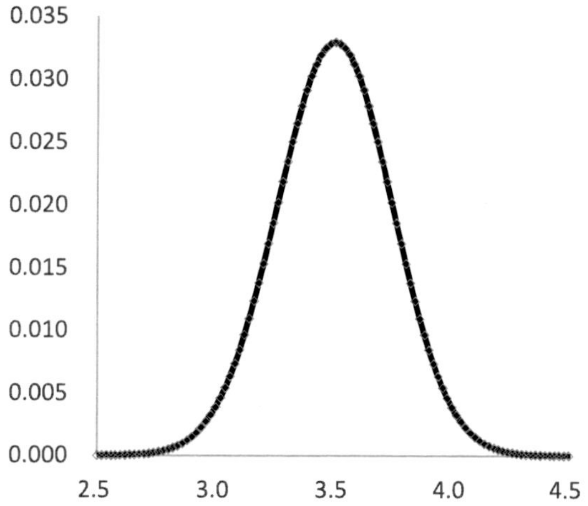


図 6.3 : ***t*** 分布と ***N***(0,1) 分布グラフの比較

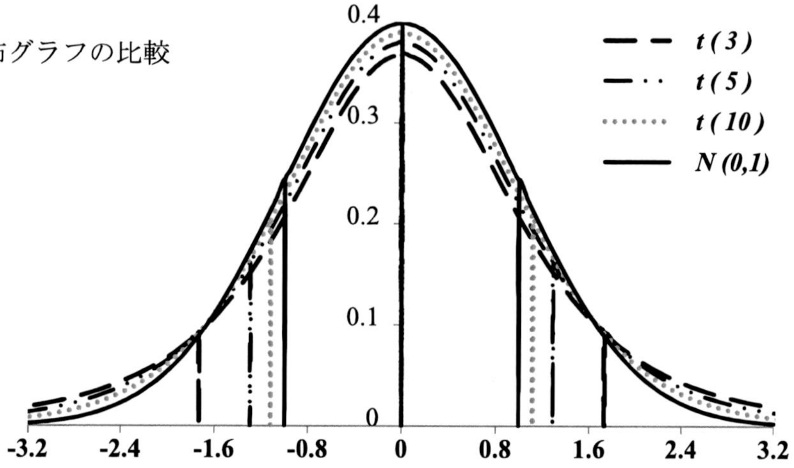


図 6.4 : ***t*** 分布における信頼度の図

**P [ |*T*| < 2.145 ]=0.95**

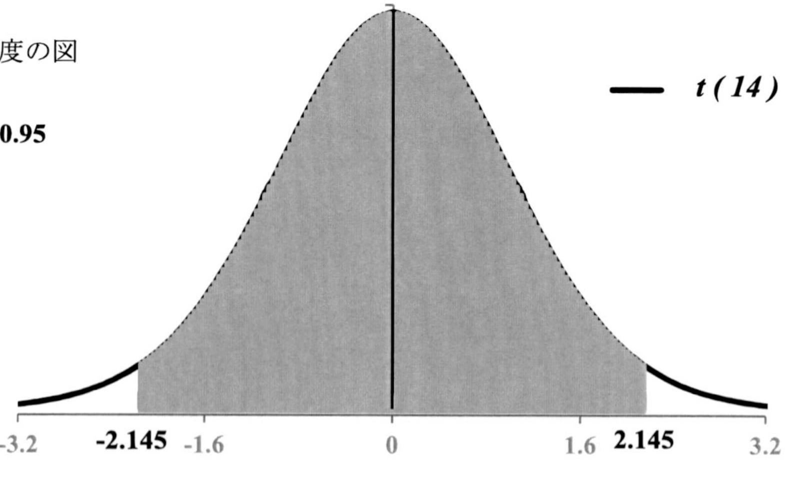

# VII. 仮説検定

本講におけるテーマは母平均に対する検定である.

① 仮説検定法 (母平均の検定)　② $t$ 分布による検定　③ 検定法のパターン

任意標本から得られた情報をもとに仮説を立て, それが正しいといえるか否かを統計的に判断する仮説検定法について学ぼう. 本講では母平均に対する検定法を考えよう.

## 7.1 仮説検定法

前講での統計量の使い分けが本講においても求められる. 考察すべき仮説について, 統計的検証を根拠にそれが正しいと認められるものかを判断する仮説検定法特有の考え方を学ぼう.

**事例 7.1** 仮説検定法

全国レベルで行われる試験において, ある科目の得点分布は母標準偏差が 24.5 であるが正規分布ではない. この試験の任意の受験者 500 人の平均点が 62.25 点と出た. これをもとに試験の主催者はこの科目全体の平均点は 60 点を上まわるであろうとの予想しているが, これは正しい判断であろうか.

**解説**　この科目の受験者全員を母集団として全体の平均点 (母平均) $\mu$ (点) に対し**基準値** 60 を設定し, これより大きい ($\mu > 60$) といえるかをここに示された情報から判断する

- 得られた統計情報をまとめると,

  母標準偏差が 24.5 と**既知**の一般母集団, 標本数 500 の任意標本により $\overline{x} = 62.25$ を得た

- $\mu$ (点) をこの科目全体の平均点 (母平均) とする

① 相対立する仮説を立てる ; 通常, 一方を等式で, 他方を不等式で表現する

**帰無仮説** $H_0 : \mu = 60$,　**対立仮説** $H_1 : \mu > 60$

② **検定統計量**を作成しその分布を捉える

そのために $H_0$ を正しいと仮定して, $\mu = 60$ とおく

母標準偏差が 24.5 , つまり母分散が $24.5^2$ と既知の一般母集団であるが

標本数 500 と十分に大きいので, [ ア)　　　　　　　　　　　　] を応用し

標準化 $Z$ を **検定統計量** とし, その確率分布 $N(0,1)$ を抑える

この場合の検定統計量とその分布は　$Z = [$ イ)　　　　　　　　　　　　　　　　　　　　　　　　　　　$]$

*) $H_0$ を正しいと仮定するのは $\mu$ の値を特定でき, データの情報からこの値を計算できる

③ **危険率**を設定, **臨界点**を求め**棄却域**を作る (図 7.1 p.48)

危険率 5% を設定すると $P[Z > c] = 0.05$ である $c$ が臨界点となる

$c$ の値は巻末の統計表で $c = [$ ウ)　　　　　　　　　　$]$ と読める

この場合 $R = \{z > [ウ]\}$ を**棄却域**と呼び, 異常な状況を示すものとして設定する

*) $\overline{X}$ は母平均 $\mu$ の周辺に信頼度高く現れ, それほど離れて出るものではない

つまり, $Z$ の値が大きくなるほど異常な状況が起きたと判断できる

その場合, 原因は $H_0$ を正しいと仮定して $Z$ を計算したことであるといえる

④ **検定値**を計算, 検定判断を下す

データから得られた $\overline{x} = 62.25$ をもとに**検定値**は

$$z = \frac{62.25 - 60}{\sqrt{24.5^2/500}} = [\ エ)\qquad\qquad\qquad\qquad ]$$

この値は臨界点 [ ウ ] より大きく, 検定値 $z$ は $R$ に入って異常な状況を示している

その原因は $H_0 : \mu = 60$ を正しいとしたためで, これが誤りであったと判断できる

この場合, **検定有意**といい $H_0$ を**棄却**し, 対立する仮説 $H_1$ が正しいと判断できる

もし, $z$ が $R$ に入らなければ異常な状況は起きていないと判断する

この場合, **検定有意でない**といい $H_0$ を**棄却できない**, $H_1$ を正しいと認められない

⑤ 検定結果をまとめる

**危険率 5%** でこの科目全体の平均点は 60 点を上まわるという予想は正しいといえる

*) 検定判断は危険率により変わる可能性があり, 必ず危険率を明記することが必要である

## 7.2　$t$ 分布による検定

事例 7.1 では一般母集団が対象であったが, 母分散既知であり検定統計量として $Z$ そして $\boldsymbol{N}(0,1)$ の情報が使える状況であった. このような検定を $Z$ **検定**という. しかし母分散未知の場合, 母平均の推定と同様に統計量 $T$ を使う必要性があり, $t$ **検定**を行う. 次の例をみよう.

**事例 7.2** $t$ 分布による検定

Data 7.1 はある業種企業のある年代に対する給与額を調査して得られた任意標本である. この母分散に関しては情報がないが正規母集団とみなせる状況と考えられる. これをもとに, この業種企業のこの年代に対する平均給与額が 375,000 円を上まわるといえるかを検証したい.

表 7.1 Data 7.1 ある年代の給与額 (万円)

| No. | 給与額値 ($x$ 円) | 偏差 | 偏差 $^2$ |
|---|---|---|---|
| 1 | 48.69 | 7.809 | 60.9727 |
| 2 | 43.24 | 2.359 | 5.5625 |
| 3 | 27.41 | -13.472 | 181.4813 |
| 4 | 47.57 | 6.689 | 44.7360 |
| 5 | 35.58 | -5.302 | 28.1059 |
| 6 | 51.58 | 10.699 | 114.4579 |
| 7 | 27.81 | -13.072 | 170.8641 |
| 8 | 28.76 | -12.122 | 146.9308 |
| 9 | 47.63 | 6.749 | 45.5423 |
| 10 | 44.59 | 3.709 | 13.7530 |
| 11 | 54.42 | 13.539 | 183.2910 |
| 12 | 38.96 | -1.922 | 3.6922 |
| 13 | 31.19 | -9.692 | 93.9252 |
| 14 | 25.49 | -15.392 | 236.8983 |
| 15 | 46.66 | 5.778 | 33.3911 |
| 16 | 29.30 | -11.582 | 134.1311 |
| 17 | 48.06 | 7.179 | 51.5309 |
| 18 | 51.02 | 10.139 | 102.7892 |
| 19 | 49.20 | 8.319 | 69.1974 |
| 20 | 40.47 | -0.412 | 0.1693 |
| 計 | 817.63 | 0.000 | 1721.4221 |

標本の情報

標本数 $n = 20$

標本平均 $\overline{x} = \frac{817.63}{20} = 40.88$

不偏分散 $v_x^2 = \frac{1721.4221}{20-1} = 90.601$

**解説** 統計情報をまとめよう: 母分散未知の状況であり, $t$ 分布の情報が必要とされる

$n = 20,\ \overline{x} = 40.88$ , 母分散未知なのでその推定値 $v_x^2 = 90.601$

この検定の基準値はデータの単位にそろえて 37.5 とする

- $\mu$ (万円) をこの業種企業のこの年代に対する平均給与額 (母平均) とする

① 相対立する仮説

$$\mathrm{H}_0 : \mu = 37.5, \qquad \mathrm{H}_1 : \mu > 37.5$$

② 検定統計量とその分布

$\mathrm{H}_0$ を正しいと仮定して, $\mu = 37.5$

母分散未知の正規母集団なので検定統計量は

$T =$ [ オ) ]

③ 危険率, 臨界点, 棄却域

危険率 5% を設定すると $P[T > c] = 0.05$ である $c$ が臨界点となる

$c$ の値は巻末の $t$ 分布表で $c =$ [ カ) ], 棄却域 $R = \{t >$ [カ]$\}$

④ 検定値, 検定判断

$\overline{x} = 40.88$ を代入, 検定値は

$$t = \frac{40.88 - 37.5}{\sqrt{90.601/20}} = [\text{ キ) } \qquad\qquad ]$$

検定値 $t$ は $R$ に [ ク) ], $H_0$ を [ ケ) ]

検定は [ コ) ]

⑤ 検定結果

**危険率 5%** でこの業種企業のこの年代に対する平均給与額は

[ サ) ]

## 7.3 検定法のパターン

事例 7.1, 7.2 はいずれも基準値に対して母平均が大きいといえるかを検定するものであった. これは棄却域の形から [ シ) ] 検定法と呼ばれる. それに対し, 基準値より小さいあるいは異なるといえるかを検定すことも考えよう.

[1] 左片側検定法

基準値より小さいといえるかを検定する場合, 左片側検定を行う. 次の例をみよう.

**事例 7.3** 左片側検定法

Data 1.3 (p.2) と同じ県の 5 歳男児の身長に関して, この県を含むある地方全体では母平均 111 cm , 母標準偏差 4.8 の正規母集団とみられる. この県の 5 歳男児 128 人の平均身長は 110.19 cm であった. これによるとこの県全体の 5 歳男児の平均身長は, この地方全体の平均身長より小さいと思われるが, 検定により確認しよう.

**解説** この県 5 歳男児の平均身長 (母平均) $\mu$ (cm) に対し基準値 111.0 を設定し, これより小さい ($\mu < 111.0$) といえるかを検定する

- 統計情報をまとめる

母標準偏差が 4.8 と既知の正規母集団から標本数 128 の任意標本により $\overline{x} = 110.19$ を得た

- $\mu$ (cm) をこの県 5 歳男児全体の平均身長とする

① 相対立する仮説

$$H_0 : \mu = 111.0, \qquad H_1 : \mu < 111.0$$

② 検定統計量とその分布

$H_0$ を正しいと仮定, $\mu = 111$

母標準偏差が 4.8 , つまり母分散が $4.8^2$ と既知の正規母集団, 検定統計量は

$$Z = [\ ス) \qquad\qquad\qquad\qquad\qquad\qquad ]$$

③ 危険率, 臨界点, 棄却域

危険率 5% を設定, $P[Z > c] = 0.05 \ \Rightarrow c = [\ セ) \qquad\qquad ]$

この場合, 検定値は負の値となり小さくなるほど異常を示すことになる

従って, 棄却域は左側の片隅に $R = \{z < -[セ]\}$ という形で設定する (図 7.2, p.48)

*) $-c$ がこの場合の臨界点である

④ 検定値, 検定判断

$\overline{x} = 110.19$ を代入して検定値は

$$z = \frac{110.19 - 111}{\sqrt{4.8^2/128}} = [\ ソ) \qquad\qquad ]$$

検定値 $z$ は $R$ に [ タ) 　　　　　　　　　], $H_0$ を [ チ) 　　　　　　　　　]

検定は [ ツ) 　　　　　　　]

⑤ 検定結果

**危険率 5%** でこの県 5 歳男児の平均身長は

[ テ) 　　　　　　　　　　　　　　　　　　　　　]

## [2] 両側検定法

**事例 7.4** 両側検定法

Data 7.1 の給与額のデータをもとに, この業種企業のこの年代に対する平均給与額が 450,000 円とはいえないかを検証したい.

**解説**　統計情報をまとめよう

$n = 20,\ \overline{x} = 40.88$ , 母分散未知なのでその推定値 $v_x^2 = 90.601$

この検定の基準値はデータの単位にそろえて 45.0 とする

- $\mu$ (万円) をこの業種企業のこの年代に対する平均給与額 (母平均) とする

① 相対立する仮説

$$H_0 : \mu = 45.0, \qquad H_1 : \mu \neq 45.0$$

② 検定統計量とその分布

$H_0$ を正しいと仮定して, $\mu = 45.0$

母分散未知の正規母集団なので検定統計量は

$T =$ [ト)　　　　　　　　　　　　　　　　　　　　]

③ 危険率, 臨界点, 棄却域

危険率 5% を設定すると $P[|T| > c] = 0.05$ である $c$ が臨界点となる

$c$ の値は巻末の $t$ 分布表で $c =$ [ ナ)　　　　　　　　　],

棄却域 $R = \{|t| > [ナ]\}$ (図 7.3, p.48)

④ 検定値, 検定判断 *) 両側検定の検定値は絶対値を計算

$\overline{x} = 40.88$ を代入, 検定値は

$$|t| = \frac{|40.88 - 45.0|}{\sqrt{90.601/20}} = [\text{ニ})\qquad\qquad\qquad]$$

検定値 $|t|$ は $R$ に [ ヌ)　　　　　　　　　], $H_0$ を [ ネ)　　　　　　　　　　]

検定は [ ノ)　　　　　　　　　]

⑤ 検定結果

危険率 5% でこの業種企業のこの年代に対する平均給与額は

[ ハ)　　　　　　　　　　　　　　　　　　　　　　]

## 7.4 母平均の検定

- 母平均に対して基準値 $m$ を設け, 任意標本から得た統計情報をもとに母平均が基準値と比べて,

  (i) 大きい　(ii) 小さい　(iii) 異なる　　といえるかを検定する

- 統計情報をまとめる：標本数 $n$, 標本平均 $\overline{x}$

  (A) 母分散既知の場合：母分散 $\sigma^2$ の情報

  (A1) 正規母集団　または　(A2) 一般母集団かつ $n > 50$ であるか

  (B) 母分散未知の正規母集団の場合：母分散の推定値 $v_x^2$ (不偏分散)

① 相対立する仮説

帰無仮説 $H_0$ : $\mu = m$,

対立仮説は検定内容で変わる

$H_1$ , (i): $\mu > m$, (ii): $\mu < m$, (iii): $\mu \neq m$

② 検定統計量とその分布

$H_0$ を正しいと仮定して, $\mu = m$ として検定統計量は

$$\text{(A)} \qquad Z = \frac{\overline{X} - m}{\sqrt{\sigma^2/n}} \begin{cases} \sim & \boldsymbol{N}(0,1) \quad (A1) \\ \approx & \boldsymbol{N}(0,1) \quad (A2)\ \text{(中心極限定理)} \end{cases}$$

$$\text{(B)} \qquad T = \frac{\overline{X} - \mu}{\sqrt{v_x^2/n}} \sim \boldsymbol{t}(n-1)$$

③ 危険率, 臨界点, 棄却域 (図 7.1 ~ 7.3, p.48, を参照)

危険率 $100\alpha\%$ として,

*) 片側検定 (i), (ii) の場合,

(A) では $\mathrm{P}[Z > c] = \alpha$ なる $c$ に対して棄却域は

(i) の場合 $R = \{z > c\}$, ($c$ : 臨界点) (ii) の場合 $R = \{z < -c\}$, ($-c$ : 臨界点)

(B) では $\mathrm{P}[T > c] = \alpha$ なる $c$ に対して棄却域は

(i) の場合 $R = \{t > c\}$, ($c$ : 臨界点) (ii) の場合 $R = \{t < -c\}$, ($-c$ : 臨界点)

*) 両側検定 (iii) の場合,

(A) では $\mathrm{P}[|Z| > c] = \alpha$ , (B) では $\mathrm{P}[|T| > c] = \alpha$ なる $c$ に対して棄却域は

(A) の場合 $R = \{|z| > c\}$, ($c$ : 臨界点) (B) の場合 $R = \{|t| > c\}$, ($c$ : 臨界点)

④ 検定値, 検定判断 (両側検定では絶対値が検定値となる)

*) 検定値が $R$ に入る ⇒ 検定有意, $H_0$ を棄却し, $H_1$ が正しいといえる

*) 検定値が $R$ に入らない ⇒ 検定は有意でない, $H_0$ を棄却できず $H_1$ が正しいといえない

⑤ 検定結果 :検定判断に基づき結果をまとめる (危険率を記す)

------------------------補完------------------------

- 空欄

(p.41) ア) 中心極限定理

(p.42) イ) $\dfrac{\overline{X}-60}{\sqrt{24.5^2/500}} \approx \boldsymbol{N}(0,1)$　ウ) 1.645　エ) 2.054

(p.43) オ) $\dfrac{\overline{X}-37.5}{\sqrt{90.601/20}} \sim \boldsymbol{t}(19)$

(p.44) カ) 1.729　キ) 1.589　ク) 入らない　ケ) 棄却できない　コ) 有意でない
サ) 375,000 円を上まわるといえない　シ) 右片側

(p.45) ス) $\dfrac{\overline{X}-111}{\sqrt{4.8^2/128}} \sim \boldsymbol{N}(0,1)$　セ) 1.645　ソ) -1.909　タ) 入る
チ) 棄却　ツ) 有意　テ) この地方全体の平均身長より小さいといえる.

(p.46) ト) $\dfrac{\overline{X}-45.0}{\sqrt{90.601/20}} \sim \boldsymbol{t}(19)$　ナ) 2.093　ニ) 1.935　ヌ) 入らない　ネ) 棄却できない
ノ) 有意でない　ハ) 450,000 円と異なるとはいえない.

図 7.1 : 仮説検定 : 棄却域

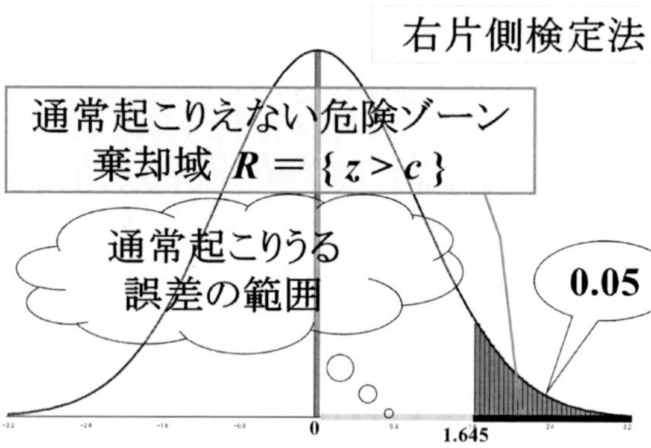


図 7.2 : 事例 7.3 棄却域(左片側検定法)

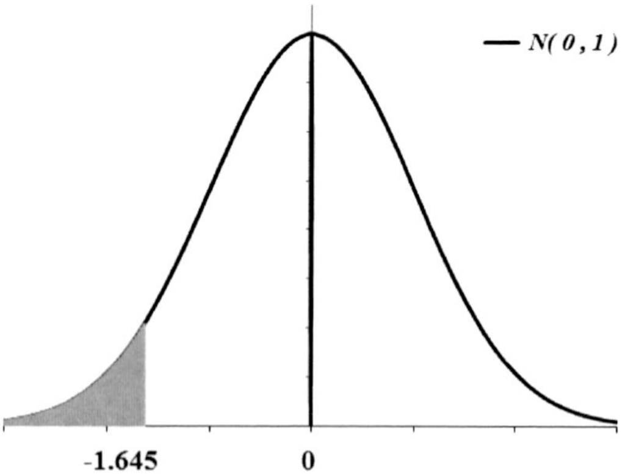


図 7.3 : 事例 7.4 棄却域(両側検定法)

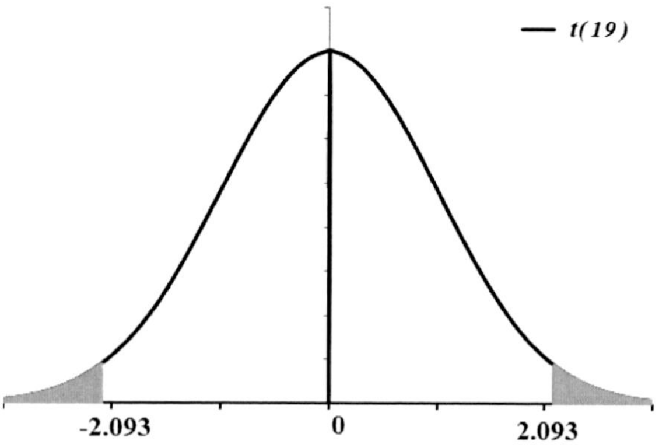

# VIII. 仮説検定 (2)

本講におけるテーマは検定における問題点である.

① 検定の誤り　② P 値による検定　③ 検定法における問題点

仮説検定は統計における基本的かつ重要な分析法である. しかし絶対的なものではなく, 誤った判断をしてしまう恐れもある. 本講では母平均に対する検定法を例に検定法における問題点を考えよう.

## 8.1 検定の誤り

検定が示す結果は 1 組の任意標本により判断されるので, 別の任意標本による検定では異なる判断がもたらされることも全くないとは言い切れない. ここでは検定判断に伴う誤りについて考えよう.

[1] **検定の誤り**

**事例 8.1** 検定結果

VII 講の検定結果をまとめてみよう.

(事例 7.1) 検定有意 : 全体の平均点は 60 点を上まわるという予想は正しいといえる

(事例 7.2) 有意でない : 平均給与額は 375,000 円を上まわるといえない

(事例 7.3) 検定有意 : この地方全体の平均身長より小さいといえる

(事例 7.4) 有意でない : 平均給与額は 450,000 円と異なるとはいえない

いずれも危険率 5% での結果なのだが, これらの判断は絶対的に正しいものといえるだろうか.

**解説**　検定判断には誤りが付きものである

- (事例 7.1) の検定は有意であったが, すべての採点結果が出た後で全体の平均点が 60 点に達しない場合, この検定は誤りとなる
- (事例 7.2) の検定は有意でなかったが, もし全体の状況がわかり平均給与額は 375,000 円を上まわっているならばこの検定は誤りとなる

検定判断にはこれらの 2 種の誤りが起こり得る

前者を [ ア)                                        ], 後者を [ イ)                                        ] という

同様に, (事例 7.3) には [ ア ], (事例 7.4) には [ イ ] の危険性がある

**要点 8.1 検定の誤り**

- **第 1 種の誤り**：検定有意の場合, 仮説 $\mathrm{H}_1$ を正しいとするが,
  実際の状況では $\mathrm{H}_1$ が正しくない場合, 誤った判断となる
- **第 2 種の誤り**：検定が有意でない場合, 仮説 $\mathrm{H}_1$ は正しいと認められないが,
  実際の状況では $\mathrm{H}_1$ が正しい場合, 誤った判断となる

### [2] 誤りの危険度

検定誤りの危険性はどの程度といえるか. また, 誤りを低く抑えることはできないか. 2 種の誤りの危険性の関係はどうなのか. ここではこれらの問題を考えよう.

**事例 8.2** 誤りの危険度

VII 講の検定結果の次の内容を確認してみよう. いずれも危険率 5% の検定判断であった.

(事例 7.1) 右片側検定 棄却域 $R = \{z > 1.645\}$, 検定値 $z = 2.053$, 検定有意

(事例 7.3) 左片側検定 棄却域 $R = \{z < -1.645\}$, 検定値 $z = -1.909$, 検定有意

それぞれの検定値と臨界点を比べることで誤りに危険性と適正な危険率について考えよう.

**解説** 検定有意となった (7.1), (7.3) では第 1 種の誤りの危険性がある

つまり, この誤りは検定値が棄却域に入る場合に起きうる誤りということになる

それゆえ 第 1 種の誤りの危険度 = [ウ)                                        ] となる

では [ウ] を低く抑えればいいのか, しかしそうすると検定有意でない可能性が高まる

ということは第 2 種の誤りの危険性が増すことを意味する

このように第 1 種の誤りと第 2 の誤りの危険性は相反する現象である

そこで, これらの適正な関係を保てないかという疑問が起こる

(事例 7.1) の検定値 $z = 2.053$ は, どの程度の確率で起こる現象であろうか

そのために $\mathrm{P}[Z > 2.053]$ を求めよう, $\boldsymbol{N}(0, 1)$ の表を使うために小数 2 位にして

$\mathrm{P}[\ Z > 2.05\ ] =$ [エ)                                        ]

同様に (事例 7.3) の検定値 $z = -1.909 (= -1.91)$ についても考えよう

この場合は左裾に起こる現象なので $P[Z < -1.91]$ を出す

$P[\ Z < -1.91\ ] =$ [オ)　　　　　　　　　　　　　　　　　　]

いずれも 0.05 (危険率 5%) より小さく, 異常な状況であることが予想される

つまりこれらにおいては危険率をもう少し下げて検定をしても同じ検定有意となる

*) ここで求めたこれらの確率を検定における **P 値** という

### [3] 適正な危険率：P 値

検定の誤りを低くする, あるいはそれを認識するための工夫を考えよう. それは事例 8.2 で現れた **P 値** である. $\boldsymbol{N}(0,1)$ による検定, ***Z* 検定** の場合の P 値の求め方は事例 8.2 で分かったが, $t$ 分布による検定, ***t* 検定** の場合の P 値の求め方を考えよう.

**事例 8.3** $t$ 検定における P 値

(事例 7.2 および 7.3) の $t$ 検定における P 値を求めよう. この検定結果は次のようであった.

(7.2) 右片側検定, 棄却域 $R = \{t > 1.729\}$, 検定値 $t = 1.589$, 危険率 5% で検定有意でない

(7.3) 両側検定, 棄却域 $R = \{|t| > 2.093\}$, 検定値 $|t| = 1.935$, 検定有意でない

**解説** (7.2) 右片側検定の P 値

事例 8.2 の (事例 7.1) についての P 値と同じように考えよう

つまり, (事例 7.2) の検定値 $t = 1.589$ は, どの程度の確率で起こる現象であろうか

$P[T > 1.589]$ を求めよう, 正規分布と異なりこの確率を直接求めるのは困難である

$t$ 分布表で自由度 19 の行の数値を追っていくと, 検定値 1.589 は

$\alpha = 0.07$ に対する 1.540 と $\alpha = 0.06$ に対する 1.628 の間であることが読める

これは [ カ)　　　　　　　　　　　　　　　　　] であることを意味している

従って, この検定の P 値は $0.06 < P$ 値 $< 0.07$ と出せる

(7.3) 両側検定の P 値

(事例 7.3) の検定値 $|t| = 1.935$ は, どの程度の確率で起こる現象かを考える

$P[|T| > 1.935]$ を求めよう, $t$ 分布表で自由度 19 の行の数値を追っていくと, 検定値 1.935 は

$\alpha = 0.035$ に対する 1.920 と $\alpha = 0.03$ に対する 2.000 の間であることが読める

これは $0.03 < P[T > 1.935] < 0.035$ でり, $P[|T| > 1.935] = 2\times$ $P[T > 1.935]$ なので,

この P 値については $0.06 < P$ 値 $< 0.07$ と出せる

いずれのP値も同様の結果となったが, 危険率の5%と大きな違いがない

**要点 8.2 検定における P 値**

- 右片側検定のP値 (図 8.1, p.56)

  $Z$ 検定の場合, 検定値を $z = k\ (> 0)$ として, P 値 $= \mathrm{P}[\,Z > k\,]$

  $t$ 検定の場合, 検定値を $t = k\ (> 0)$ として, P 値 $= \mathrm{P}[\,T > k\,]$

- 左片側検定のP値 (図 8.2, p.56)

  $Z$ 検定の場合, 検定値を $z = -k\ (< 0)$ として, P 値 $= \mathrm{P}[\,Z < -k\,]$

  $t$ 検定の場合, 検定値を $t = -k\ (< 0)$ として, P 値 $= \mathrm{P}[\,T < -k\,]$

- 両片側検定のP値 (図 8.3, p.56)

  $Z$ 検定の場合, 検定値を $|z| = k\ (> 0)$ として, P 値 $= \mathrm{P}[\,|Z| > k\,]$

  $t$ 検定の場合, 検定値を $|t| = k\ (> 0)$ として, P 値 $= \mathrm{P}[\,|T| > k\,]$

- P値の役割

  P値は小さくなるほど, $\mathrm{H}_0$ を正しいと仮定したために起こった異常性を表す

## 8.2 P値による検定

前項で学んだP値の役割を検定判断に役立てることを考えよう. 要点8.2からP値が小さいほど $\mathrm{H}_0$ を棄却する根拠となることが分かったが, その基準をどうするかが問題である.

[1] **危険率の設定**

VII講の検定のP値を再度みてみよう.

**事例 8.4** P値による危険率

(事例7.1から7.4)のP値は次のようであった. これから検定結果への影響を考えよう.

(事例 7.1) 右片側検定 P 値 $= \mathrm{P}[\,Z > 2.05\,] = 0.020$

(事例 7.3) 左片側検定 P 値 $= \mathrm{P}[\,Z < -1.91\,] = 0.028$

(事例 7.2) 右片側検定 P 値 $= \mathrm{P}[\,T > 1.589\,], 0.06 < P$ 値 $< 0.07$

(事例 7.3) 両側検定 P 値 $= \mathrm{P}[\,|T| > 2.093\,], 0.06 < P$ 値 $< 0.07$

**解説** (7.1), (7.3) について, 危険率5%で検定有意と判断されたが,

第1種の誤りの危険度を考えると危険率は低い方が良い

P 値からみると, (7.1) については危険率を 2%, (7.3) については危険率を 3% としても検定有意とみなせる, このように P 値により適正な危険率を決められることがわかる

これらの検定結果は次のようにまとめられよう

(7.1) 危険率 2% で全体の平均点は 60 点を上まわるという予想は正しいといえる

(7.3) 危険率 3% でこの地方全体の平均身長より小さいといえる

- (7.2), (7.4) について

いずれも $0.06 < P$ 値 $< 0.07$ となり, 危険率 5% では検定は有意でなかったが

P 値は 0.05 (5%) とそれほど差はない, このような状況では第 2 種の誤りの危険性が高くなることが予想される. そこで, これらの検定では危険率を P 値上限値の 0.07 から危険率 7% で検定有意とすべきであろう

これらの検定結果は次のようにまとめられよう

(7.2) 危険率 7% で平均給与額は 375,000 円を上まわるといえる

(7.4) 危険率 7% で平均給与額は 450,000 円と異なるといえる

[2] **P 値による検定**

P 値により適正な危険率を付すことができることを学んだ. ここでは危険率を最初から設定することなく P 値に従って検定判断をする手順をみていこう.

**事例 8.5** P 値による検定 (1)

Data 8.1 はある作物の成長度を記録したものである. これを正規母集団からの標本として, 平均成長度は 16.8 cm より小さいといえるか, P 値を用いて検定しよう.

**解説**　検定に必要な統計情報をまとめよう

- 母分散未知の正規母集団, 標本数 $n = 24, \overline{x} = \dfrac{378.0}{24} = $ [キ)　　　　　　　　]

母分散の推定値 $v_x^2 = \dfrac{170.70}{24-1} = $ [ク)　　　　　　　　], 検定の基準値 16.8

- $\mu$ (cm) をこの作物の平均成長度 (母平均) とする

① 仮説　$\mathrm{H}_0 : \mu = 16.8,\qquad \mathrm{H}_1 : \mu < 16.8$

② 検定統計量とその分布　$\mathrm{H}_0$ を正しいと仮定して, $\mu = 16.8$

母分散未知の正規母集団なので検定統計量は

$T = $ [ケ)　　　　　　　　　　　　　　　　]

表 8.1 Data 8.1 作物 A の成長 (単位:cm)

| No. | 成長度 ($x$ cm) | 偏差 | 偏差 $^2$ |
|---|---:|---:|---:|
| 1 | 14.8 | -0.95 | 0.9025 |
| 2 | 20.1 | 4.35 | 18.9225 |
| 3 | 16.8 | 1.05 | 1.1025 |
| 4 | 13.0 | -2.75 | 7.5625 |
| 5 | 15.3 | -0.45 | 0.2025 |
| 6 | 19.4 | 3.65 | 13.3225 |
| 7 | 15.8 | 0.05 | 0.0025 |
| 8 | 11.6 | -4.15 | 17.2225 |
| 9 | 13.4 | -2.35 | 5.5225 |
| 10 | 17.2 | 1.45 | 2.1025 |
| 11 | 11.1 | -4.65 | 21.6225 |
| 12 | 17.8 | 2.05 | 4.2025 |
| 13 | 15.5 | -0.25 | 0.0625 |
| 14 | 20.8 | 5.05 | 25.5025 |
| 15 | 14.3 | -1.45 | 2.1025 |
| 16 | 15.9 | 0.15 | 0.0225 |
| 17 | 17.7 | 1.95 | 3.8025 |
| 18 | 18.7 | 2.95 | 8.7025 |
| 19 | 15.7 | -0.05 | 0.0025 |
| 20 | 18.6 | 2.85 | 8.1225 |
| 21 | 12.0 | -3.75 | 14.0625 |
| 22 | 13.9 | -1.85 | 3.4225 |
| 23 | 16.3 | 0.55 | 0.3025 |
| 24 | 12.3 | -3.45 | 11.9025 |
| 計 | 378.0 | 0.00 | 170.7000 |

基本統計値を求めよ

$n =$

$\overline{x} =$

$v_x^2 =$

③ 検定値, P 値 *) 危険率は P 値により決めるので棄却域を作らない

$\overline{x} = 15.75$ を代入, 検定値は $t = \dfrac{15.75 - 16.8}{\sqrt{7.4217/24}} =$ [コ) ]

P 値を求める, [ サ) ] 検定法なので, P 値 = P[$T <$ [コ]]

$t$ 分布表により [ シ) ]

④ 検定判断 *) P 値の基準を 0.1 とする

$P$ 値 $< 0.1$ の場合 $\Rightarrow$ 検定有意とし, $H_0$ 棄却

$P$ 値 $\geqq 0.1$ の場合 $\Rightarrow$ 検定は有意でないとし, $H_0$ を棄却できない

この検定は P 値 $< 0.1$ なので検定有意, $H_0$ 棄却

⑤ 検定結果 *) 検定有意の場合, P 値による危険率を設定する

危険率 [ ス) ] % でこの作物の平均成長度は 16.8 cm より小さいといえる

**要点 8.3 P 値による母平均の検定**

7.4 講 (p.45) にある母平均の検定における ①, ② までは同じである

③ 検定値, P 値

危険率は P 値により設定されるので棄却域を作る必要はない

P 値の求め方は要点 8.2 による

④ 検定判断

*) P 値 $< 0.1$ ⇒ 検定有意, $H_0$ を棄却し, $H_1$ が正しいといえる

*) P 値 $\geqq 0.1$ ⇒ 検定は有意でない, $H_0$ を棄却できず $H_1$ が正しいといえない

⑤ 検定結果：

検定有意の場合, P 値による危険率を設定する

危険率の表示は 10%, 9%, 8% ⋯ 1% のように整数値とし

非常に小さい (例: 0.00023) 場合 1% 以下と記す

**事例 8.6** P 値による検定 (2)

事例 4.3 (p.23) でみたように全国の小学高学年生の体重は $\boldsymbol{N}(44.0, 96.43)$ という．ある地区 45 人の小学高学年生の平均体重は 42.9 kg であった．分散は全国と変わらないものとして，この地区の小学高学年生全体の平均体重は全国平均と違うといえるか, P 値を用いて検定しよう．

**解説** 検定に必要な統計情報をまとめよう

母分散既知の正規母集団, 標本数 $n = 45, \overline{x} = 42.9$ , 検定の基準値 44.0

- $\mu$ (kg) をこの地区の小学高学年生全体の平均体重 (母平均) とする

① 仮説　$H_0 : \mu = 44.0$,　$H_1 : \mu \neq 44.0$

② 検定統計量とその分布　$H_0$ を正しいと仮定して，$\mu = 44.0$

母分散既知の正規母集団なので検定統計量は

$Z =$ [セ　　　　　　　　　　　　　　　　　　　　]

③ 検定値, P 値　$\overline{x} = 42.9$ を代入, 検定値は

$$|z| = \frac{|42.9 - 44.0|}{\sqrt{96.43/45}} = \text{[ソ}\qquad\qquad\qquad\qquad\text{]}$$

P 値を求める, [ タ)                ] 検定法なので,

P 値 $= \mathrm{P}[\,|Z| >$ [ソ]] = [チ)                ]

④ <u>検定判断</u>　P 値 $> 0.1$ なので検定は有意でない, $\mathrm{H}_0$ を棄却できない

⑤ <u>検定結果</u>

P 値が大きく, この地区の小学高学年生全体の平均体重は 44.0 kg でないとはいえない

――――――――――――――補完――――――――――――――

- 空欄

(p.50) ア) 第 1 種の誤り　イ) 第 2 種の誤り　ウ) 危険率　エ) $0.5 - 0.4798 = 0.0202$

(p.51) オ) $0.5 - 0.4713 = 0.0287$　カ) $0.06 < \mathrm{P}[T > 1.589] < 0.07$

(p.53) キ) 15.75　ク) 7.4217　ケ) $\dfrac{\overline{X} - 16.8}{\sqrt{7.4217/24}} \sim \boldsymbol{t}(23)$

(p.54) コ) -1.888　サ) 左片側　シ) $0.035 < \mathrm{P}[T < -1.888] < 0.04$　ス) 4

(p.55) セ) $\dfrac{\overline{X} - 44.0}{\sqrt{96.43/45}} \sim \boldsymbol{N}(0,1)$　ソ) 1.09

(p.56) タ) 両側　チ) $2 \times (0.5 - 3621) = 0.2758$

図 8：P 値の図

図 8.1：右片側検定

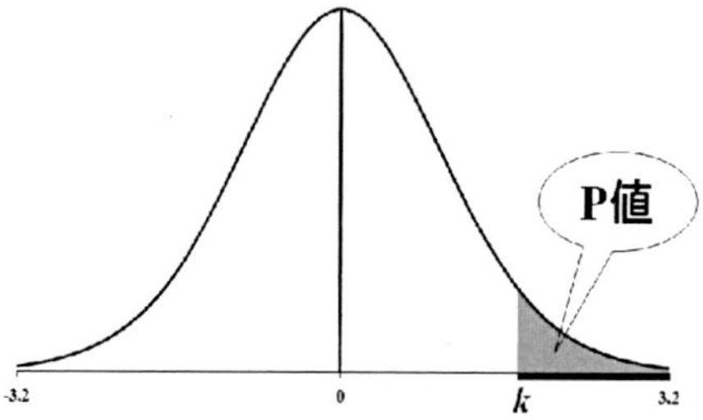


図 8.2：左片側検定

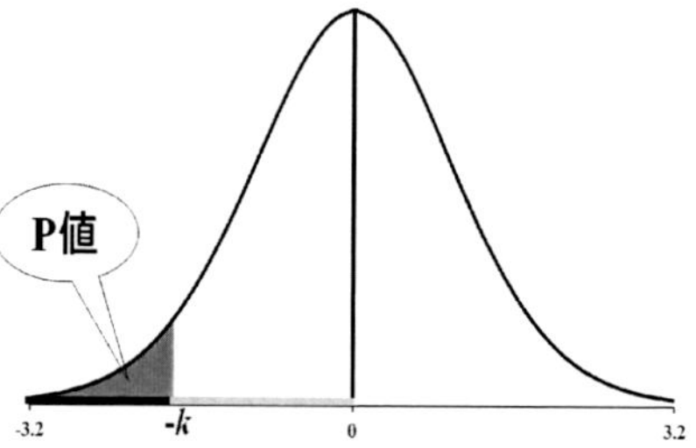


図 8.3：両側検定

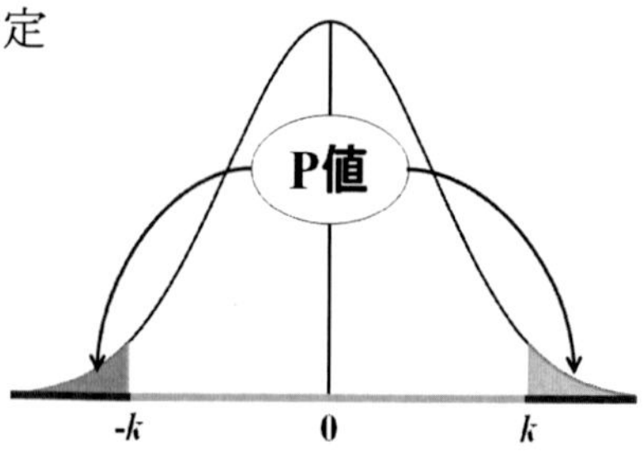

# IX. 母比率の推測

本講におけるテーマは母比率についての分析である.

① 母比率の分布　② 母比率の推定　③ 母比率の検定

各報道機関で毎月のごとく世論調査が行われ, その結果が報道される. また, テレビ番組に対する視聴率, タレントの好感度, 競合製品に対する市場占有率などが常態的に調査され発表もされている. これらは**母比率**と呼ばれ, 基本的な統計分析として広く活用されてきた. 本講ではこの母比率に対する推測法を考えよう.

## 9.1 母比率の分布

母比率の推定値を出すのは難しいことではない. 事実, 私たちは日常的にそのような数値を耳にし, 目にしている. 問題はその数値が如何に信頼性のおけるものかということである.

[1] **母比率の推定量**

**事例 9.1** 母比率

関東圏のタレント好感度調査 (対象：満 18 歳以上 69 歳以下) が調査数 565 人に対して行われている. (ビデオリサーチ社による) ある時点での調査では, 女優 A が 326 人の好感を得た. A の関東圏における好感度率の推定値を求めよう.

**解説**　推定値の計算は誰もが次のように出すだろう

$\dfrac{326}{565} = 0.5769$ , 従って, 57.7% の好感度を得ている

これをみると, A は関東圏でこのように高い好感度を得ていると普通捉えるだろう

しかしこの調査の母集団は関東圏における満 18 歳以上 69 歳以下の成人全員である

公表されたこの数値は 565 人の調査結果であって, 推定値にすぎない

- これが母比率 $\boldsymbol{p}$ の推定量として使われる根拠を考えよう

調査数を $n$ として, その結果を $Y_1, Y_2, \cdots, Y_n$ とする

ここで, 回答が "Yes" なら $Y_i = 1$, それ以外なら $Y_i = 0$ である

このとき, $\mathrm{E}[Y_i] = \boldsymbol{p}$ であり, "Yes" の総数は $X = \sum_{i=1}^{n} Y_i$ であり,

その平均が $\mathrm{E}[X]=n\boldsymbol{p}$ , これを $n$ で割って $\mathrm{E}\left[\dfrac{X}{n}\right]=\boldsymbol{p}$

- $\hat{P}=\dfrac{X}{n}$ を [ ア)　　　　　　　　　　] という

  $\hat{P}$ は母比率 $\boldsymbol{p}$ に対し [ イ)　　　　　　　　　　] をもつ

- 推定値は簡単に出せるが, 問題はいかにこの数値に信頼性を付けられるかである

**要点 9.1 母比率の推定量**

- **母比率** $p$ : 母集団の中で注目している事象が起こる割合

  限られた有限母集団では確定値を得られるが, 対象が大きいと推定値が使われる

- **標本比率** : 調査数 $n$ の中で, 注目の事象を示したものが $X$ であるとき,

  $\hat{P}=$ [ ウ)　　　　　　　　　　] を標本比率という

  $\hat{P}$ は母比率 $\boldsymbol{p}$ に対し**不偏性**をもつ

**課題 9.1**　事例 9.1 で定義された変量 $Y_i$ の平均, 分散が次のように与えられることを示そう.

$$\mathrm{E}[X]=\boldsymbol{p}, \qquad \mathrm{V}[X]=\boldsymbol{p}(1-\boldsymbol{p})$$

[2] 標本比率の確率分布

母平均の推測と同様に, 母比率を信頼度を付して推定するためにはその確率分布が必要となる. $X$ の確率分布は 2 項分布とよばれるものであるが

$$\text{平均が}\ \mathrm{E}[X]=n\boldsymbol{p}, \quad \text{分散は}\ \mathrm{V}[X]=n\boldsymbol{p}(1-\boldsymbol{p})$$

である. これをもとに次の問題を考えよう.

**事例 9.2** 標本比率の確率分布

次の性質について考えよう.

"調査数 $n$ が十分に大きい場合, 標本比率 $\hat{P}$ の確率分布は正規分布で近似できる"

**解説**　事例 9.1 により $X$ は任意標本 $\{Y_i\}$ の標本和であり, 標本比率 $\hat{P}$ は標本平均である

従って, $n$ が十分に大きい場合 [ エ)　　　　　　　　　　](要点 6.1, p.35) によって

正規分布 [ オ)　　　　　　　　　　] で近似できる

この性質を用いて, 母比率の推定および検定ができる

**要点 9.2 標本比率の確率分布**

- **標本比率** $\hat{P} = \dfrac{X}{n}$ の確率分布は $n$ が十分に大きいとき, 次の正規分布で近似できる

$$\hat{P} \approx \boldsymbol{N}\left(\boldsymbol{p}, \frac{\boldsymbol{p}(1-\boldsymbol{p})}{n}\right)$$

分析には標準化した次の式を使う

$Z = [$ カ) $]$

## 9.2 母比率の推定

信頼度を付して母比率を推定しよう.

**事例 9.3** 母比率の推定

事例 9.1 の好感度調査から女優 A の関東圏における好感度率を信頼度 90% で推定しよう.

**解説**　母比率の推定は, 母分散既知の場合の母平均の推定に類似している

- 得られた統計情報をまとめると, 母比率の推定値 $\hat{p} = 0.5770$, 調査数 $n = 565$
- $\boldsymbol{p}$ を女優 A の関東圏における好感度率 (母比率) とする, 調査数 565 と十分に大きいので

① **推定統計量とその分布**　母比率の推定量である標本比率 $\overline{X}$ は中心極限定理により

$$\hat{P} \approx \boldsymbol{N}\left(\boldsymbol{p}, \frac{\boldsymbol{p}(1-\boldsymbol{p})}{565}\right) \quad \text{標準化して,} \quad Z = \frac{\hat{P} - \boldsymbol{p}}{\sqrt{\dfrac{\boldsymbol{p}(1-\boldsymbol{p})}{565}}} \approx \boldsymbol{N}(0,1)$$

これを用いて母比率 $\boldsymbol{p}$ の推定もできるが, かなり複雑な計算を強いられる

それを回避するために次のように工夫して, **推定統計量**が作られる

$Z = [$ キ) $] \approx \boldsymbol{N}(0,1)$

*) ここで分母における $\boldsymbol{p}$ の代わりに推定値 $\hat{p} = 0.5770$ で置き換えた

② 信頼度 90% を $\boldsymbol{N}(0,1)$ により付ける

信頼度 90% は $\mathrm{P}[|Z| < c] = 0.90$ である $c = 1.645$ (**臨界値**) により保証される

③ $\boldsymbol{p}$ について計算して信頼区間ができる

$$|Z| < 1.645 \quad \Leftrightarrow \quad \frac{|\hat{P}-\boldsymbol{p}|}{\sqrt{0.577 \times 0.423/565}} < 1.645$$

$$\Leftrightarrow \quad |\hat{P}-\boldsymbol{p}| < 1.645 \times \sqrt{\frac{0.577 \times 0.423}{565}} = 0.0341$$

よって　$|\hat{P}-\boldsymbol{p}| <$ [ ク)　　　　　](0.0341 を切上)

従って, [ ケ)　　　　　　　　　　　　　　　　] が出る

④ 統計情報である $\hat{p} = 0.577$ を代入して信頼区間を計算する

$0.577 - 0.035 < \mu < 0.577 + 0.035 \Rightarrow$ [コ)　　　　　　　　　]

⑤ 推定結果をまとめる

女優 A の関東圏における好感度率は信頼度 90% で

[ サ)　　　　　] % 以上 [ シ)　　　　　] % 以下であると推定される

**要点 9.3 母比率の推定：大標本の場合**

- **統計情報**：標本数 (調査数) $n$, 注目事象の生起数 $x$ あるいは母比率の推定量 $\hat{p}$

  *) $n$ は十分に大きいこと, $x > 25$, $n - x > 25$ であることが条件

ここで, 複雑さを避けるために工夫をする, $X$ の分散における母平均 $\boldsymbol{p}$ を推定値 $\hat{p}$ に置き換える

$$\hat{P} \approx \boldsymbol{N}\left(\boldsymbol{p}, \frac{\hat{p}(1-\hat{p})}{565}\right)$$

標準化して, 推定統計量

$$Z = \frac{\hat{P}-\boldsymbol{p}}{\sqrt{\frac{\hat{p}(1-\hat{p})}{n}}} \approx \boldsymbol{N}(0,1)$$

*) これにより母分散既知の一般母集団での母平均の推定と同様の計算が可能となり
複雑な計算を避けながら, 誤差の小さな推定ができる

## 9.3 母比率の検定

大標本による調査結果を得て, 母比率に対する検定も可能となる.

**事例 9.4** 母比率の検定

事例 9.1 の好感度調査から女優 A の関東圏における好感度率は 61% には届かないといえるかを P 値により検定しよう.

**解説**　検定に必要な統計情報をまとめよう

調査数 $n = 565$, 推定値 $\hat{p} = 0.577$ , 検定の基準値 0.61

- $\boldsymbol{p}$ を女優 A の関東圏における好感度率 (母比率) とする

① 仮説　　$\mathrm{H}_0 : \boldsymbol{p} = 0.61$,　　$\mathrm{H}_1 : \boldsymbol{p} < 0.61$

② 検定統計量とその分布　　$\mathrm{H}_0$ を正しいと仮定して, $\boldsymbol{p} = 0.61$

$n$ が十分に大きいので検定統計量は

$Z =$ [ ス)　　　　　　　　　　　　　　　　　　　]

③ 検定値, P 値　　$\hat{p} = 0.577$ を代入, 検定値は

$$z = \frac{0.577 - 0.61}{\sqrt{\dfrac{0.61 \times 0.39}{565}}} = [セ)\qquad\qquad\qquad]$$

P 値を求める, [ ソ)　　　　　　　　　　] 検定法なので, (図 9.1)

P 値 $=$ P[$Z <$ [セ]] $=$ [ タ)　　　　　　　　　　　　　　]

④ 検定判断　P 値 $< 0.1$ なので検定有意, $\mathrm{H}_0$ を棄却

⑤ 検定結果

P 値により危険率 6% で女優 A の関東圏における好感度率は 61% には届かないといえる

図 9.1: 事例 9.4, 検定の P 値

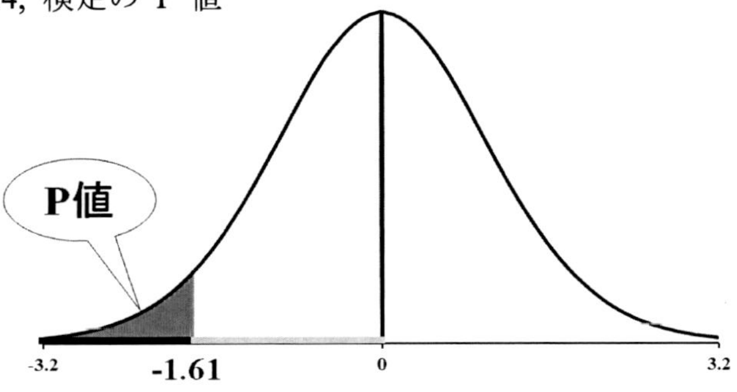

**要点 9.4 母比率の検定：大標本の場合**

- **統計情報**：標本数 (調査数) $n$, 注目事象の生起数 $x$ あるいは母比率の推定量 $\hat{p}$, 検定の基準値 $\boldsymbol{p} = p_0$

  *) $n$ は十分に大きいこと, $x > 25$, $n - x > 25$ であることが条件

① 仮説　　$\mathrm{H}_0 : \boldsymbol{p} = p_0$ に対し, 対立仮説と検定法は次の 3 通り

$$\mathrm{H}_1 : \text{(i) } \boldsymbol{p} > p_0 \text{ (右片側)}, \quad \text{(ii) } \boldsymbol{p} < p_0 \text{ (左片側)}, \quad \text{(iii) } \boldsymbol{p} \neq p_0 \text{ (両側)}$$

② 検定統計量とその分布　　$\mathrm{H}_0$ を正しいと仮定して, $\boldsymbol{p} = p_0$

$n$ が十分に大きいので検定統計量は

$$Z = [\text{ チ) } \qquad\qquad\qquad\qquad ]$$

③ 検定値, P 値, ④検定判断 ⑤ 検定結果 は母平均の検定に準ずる

---------------------------補完---------------------------

- 空欄

(p.58) ア) 第 1 種の誤り　イ) 不偏性　ウ) $\dfrac{X}{n}$　エ) 中心極限定理　オ) $\boldsymbol{N}\left(\boldsymbol{p}, \dfrac{\boldsymbol{p}(1-\boldsymbol{p})}{n}\right)$

(p.59) カ) $\dfrac{\hat{P} - \boldsymbol{p}}{\sqrt{\dfrac{\boldsymbol{p}(1-\boldsymbol{p})}{n}}} \approx \boldsymbol{N}(0,1)$　キ) $\dfrac{\hat{P} - \boldsymbol{p}}{\sqrt{\dfrac{0.5770 \times .4230}{565}}}$

(p.60) ク) 0.035　ケ) $\hat{P} - 0.035 < \boldsymbol{p} < \hat{P} + 0.035$　コ) $0.542 < \boldsymbol{p} < 0.612$　サ) 54.2　シ) 61.2

(p.61) ス) $\dfrac{\hat{P} - 0.61}{\sqrt{\dfrac{0.61 \times (1-0.61)}{n}}} \approx \boldsymbol{N}(0,1)$　セ) -1.61　ソ) 左片側　タ) $0.5 - 0.4463 = 0.0537$

(p.62) チ) $\dfrac{\hat{P} - p_0}{\sqrt{\dfrac{p_0(1-p_0)}{n}}} \approx \boldsymbol{N}(0,1)$

# X. 相関分析

本講におけるテーマは 2 変量間の相関関係についての分析である.

① 相関の分類　② 相関の強弱　③ 母相関の検定

前講までは 1 変量の統計分析について学んだが, 複数変量の関係を知ることが種々の現象を分析する際に重要となる. その基本が 2 変量間の関係, **相関**である. 本講では相関の分析に関する基礎を学ぼう.

## 10.1 相関の分類

2 変量の基本的な関係は次の 3 通りである.

(i) 一方が増加 (減少) すると他方も増加 (減少) する : [ ア)　　　　　　　　　　]

(ii) 一方が増加 (減少) すると他方も減少 (増加) する : [ イ)　　　　　　　　　　]

(iii) 2 変量の増減に関連性がない : [ ウ)　　　　　　　　　　]

[1] **正の相関, 負の相関**

**事例 10.1** 正の相関, 負の相関

(1) Data 10.1 は小学高学年生の体重 ($x$ kg) と身長 ($y$cm) のデータである.
　この 2 変量には正の相関があると考えられる.

(2) Data 10.2 は年齢 ($x$ 歳, $20 < x < 65$) と運動指数 ($y$) のデータである.
　この 2 変量には負の相関があると考えられる.

これらのデータの分布にはそれぞれどのような特徴があるかをみよう.

**解説**　2 変量の関連性をみるために平面グラフ上にプロットしたものを**相関図**という

- **正の相関** : Data 10.1 の計算表をみると 2 変量の偏差の大部分の符号が一致している
  相関図 10.1 をみると, 点の並びが**右肩上がり**で多くの点が右上 (**第 I 象限**) と
  左下 (**第 III 象限**) に集中しているのがわかる, これらの象限に共通していることは
  偏差の符号が [ エ)　　　　　] していることである

Data 10.1 :12 歳児の体重 ($x$ kg) と身長 ($y$ cm)

| No. | 体重 ($x$ kg) | 身長 ($y$ cm) | $x$ の偏差 | $y$ の偏差 | 偏差積 | ($x$ の偏差)$^2$ | ($y$ の偏差)$^2$ |
|---|---|---|---|---|---|---|---|
| 1 | 52.5 | 167.0 | 8.75 | 14.84 | 129.8703 | 76.6208 | 220.1267 |
| 2 | 53.2 | 153.6 | 9.45 | 1.44 | 13.5813 | 89.3655 | 2.0640 |
| 3 | 52.6 | 170.9 | 8.85 | 18.74 | 165.8820 | 78.3815 | 351.0627 |
| 4 | 43.0 | 143.5 | -0.75 | -8.66 | 6.4686 | 0.5575 | 75.0533 |
| 5 | 22.9 | 134.5 | -20.85 | -17.66 | 368.2216 | 434.5835 | 311.9933 |
| 6 | 42.3 | 157.6 | -1.45 | 5.44 | -7.8650 | 2.0928 | 29.5573 |
| 7 | 53.1 | 158.9 | 9.35 | 6.74 | 63.0103 | 87.4848 | 45.3827 |
| 8 | 46.7 | 165.5 | 2.95 | 13.34 | 39.3876 | 8.7222 | 177.8667 |
| 9 | 60.9 | 154.7 | 17.15 | 2.54 | 43.5123 | 294.2368 | 6.4347 |
| 10 | 44.7 | 143.9 | 0.95 | -8.26 | -7.8777 | 0.9088 | 68.2827 |
| 11 | 37.6 | 146.9 | -6.15 | -5.26 | 32.3520 | 37.7815 | 27.7027 |
| 12 | 39.7 | 137.7 | -4.05 | -14.46 | 58.5283 | 16.3755 | 209.1880 |
| 13 | 30.2 | 140.4 | -13.55 | -11.76 | 159.3540 | 183.5122 | 138.3760 |
| 14 | 35.9 | 152.6 | -7.85 | 0.44 | -3.4264 | 61.5702 | 0.1907 |
| 15 | 40.5 | 148.0 | -3.25 | -4.16 | 13.5170 | 10.5408 | 17.3333 |
| 16 | 55.0 | 155.6 | 11.25 | 3.44 | 38.6740 | 126.6375 | 11.8107 |
| 17 | 35.0 | 145.5 | -8.75 | -6.66 | 58.2820 | 76.5042 | 44.4000 |
| 18 | 59.8 | 170.2 | 16.05 | 18.04 | 289.5486 | 257.7095 | 325.3213 |
| 19 | 39.1 | 158.2 | -4.65 | 6.04 | -28.0504 | 21.5915 | 36.4413 |
| 20 | 32.3 | 143.2 | -11.45 | -8.96 | 102.6003 | 131.0262 | 80.3413 |
| 21 | 54.3 | 171.2 | 10.55 | 19.04 | 200.9003 | 111.3728 | 362.3947 |
| 22 | 48.6 | 150.7 | 4.85 | -1.46 | -7.1020 | 23.5548 | 2.1413 |
| 23 | 24.8 | 133.6 | -18.95 | -18.56 | 351.7133 | 358.9762 | 344.5973 |
| 24 | 38.5 | 146.6 | -5.25 | -5.56 | 29.1890 | 27.5275 | 30.9507 |
| 25 | 32.2 | 147.6 | -11.55 | -4.56 | 52.6913 | 133.3255 | 20.8240 |
| 26 | 53.4 | 158.5 | 9.65 | 6.34 | 61.1700 | 93.1868 | 40.1533 |
| 27 | 60.3 | 172.1 | 16.55 | 19.94 | 330.0183 | 274.0128 | 397.4707 |
| 28 | 42.1 | 145.6 | -1.65 | -6.56 | 10.8076 | 2.7115 | 43.0773 |
| 29 | 44.5 | 140.6 | 0.75 | -11.56 | -8.7110 | 0.5675 | 133.7107 |
| 30 | 36.7 | 150.0 | -7.05 | -2.16 | 15.2443 | 49.6555 | 4.6800 |
| 計 | 1312.4 | 4564.9 | 0.00 | 0.00 | 2571.4913 | 3071.0947 | 3558.9297 |

図 10.1 正の相関図(Data 10.1)

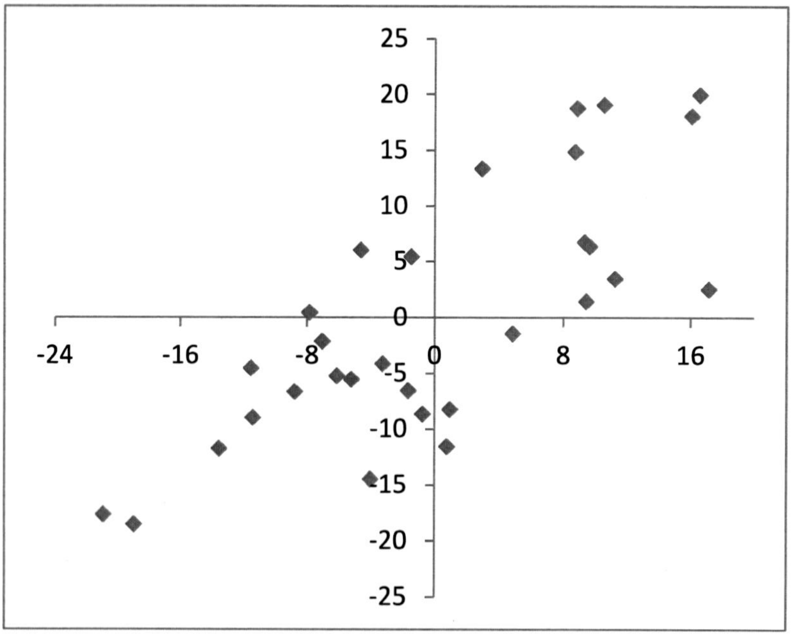

Data 10.2 :年齢 ($x$ 歳, $20 < x < 65$) と運動指数 ($y$ 点)

| No. | $x$ | $y$ | $x$ の偏差 | $y$ の偏差 | 偏差積 | ($x$ の偏差)$^2$ | ($y$ の偏差)$^2$ |
|---|---|---|---|---|---|---|---|
| 1 | 28.3 | 38.6 | -14.44 | 3.99 | -57.6560 | 208.5350 | 15.9408 |
| 2 | 56.7 | 32.5 | 13.96 | -2.11 | -29.4178 | 194.8609 | 4.4412 |
| 3 | 47.8 | 34.1 | 5.06 | -0.51 | -2.5671 | 25.5961 | 0.2575 |
| 4 | 41.9 | 33.7 | -0.84 | -0.91 | 0.7629 | 0.7068 | 0.8234 |
| 5 | 26.5 | 43.2 | -16.24 | 8.59 | -139.5501 | 263.7617 | 73.8326 |
| 6 | 52.0 | 35.2 | 9.26 | 0.59 | 5.4870 | 85.7339 | 0.3512 |
| 7 | 63.1 | 27.2 | 20.36 | -7.41 | -150.8093 | 414.4994 | 54.8697 |
| 8 | 64.7 | 25.7 | 21.96 | -8.91 | -195.6001 | 482.2091 | 79.3419 |
| 9 | 48.9 | 29.9 | 6.16 | -4.71 | -28.9941 | 37.9365 | 22.1597 |
| 10 | 45.7 | 36.9 | 2.96 | 2.29 | 6.7844 | 8.7572 | 5.2560 |
| 11 | 44.8 | 29.8 | 2.06 | -4.81 | -9.8997 | 4.2405 | 23.1112 |
| 12 | 58.9 | 29.5 | 16.16 | -5.11 | -82.5319 | 261.1217 | 26.0856 |
| 13 | 23.3 | 38.7 | -19.44 | 4.09 | -79.5630 | 377.9424 | 16.7493 |
| 14 | 42.3 | 31.3 | -0.44 | -3.31 | 1.4577 | 0.1943 | 10.9389 |
| 15 | 33.3 | 31.9 | -9.44 | -2.71 | 25.5599 | 89.1276 | 7.3301 |
| 16 | 50.9 | 37.6 | 8.16 | 2.99 | 24.4173 | 66.5735 | 8.9556 |
| 17 | 21.0 | 44.8 | -21.74 | 10.19 | -221.5945 | 472.6598 | 103.8889 |
| 18 | 36.4 | 33.9 | -6.34 | -0.71 | 4.4855 | 40.2050 | 0.5004 |
| 19 | 61.9 | 29.1 | 19.16 | -5.51 | -105.5178 | 367.0772 | 30.3315 |
| 20 | 28.6 | 39.7 | -14.14 | 5.09 | -72.0130 | 199.9605 | 25.9345 |
| 21 | 54.5 | 30.6 | 11.76 | -4.01 | -47.1241 | 138.2802 | 16.0593 |
| 22 | 36.7 | 38.9 | -6.04 | 4.29 | -25.9304 | 36.4905 | 18.4264 |
| 23 | 38.6 | 32.4 | -4.14 | -2.21 | 9.1403 | 17.1457 | 4.8726 |
| 24 | 32.7 | 36.7 | -10.04 | 2.09 | -21.0112 | 100.8165 | 4.3789 |
| 25 | 33.1 | 42.2 | -9.64 | 7.59 | -73.1982 | 92.9439 | 57.6475 |
| 26 | 22.1 | 43.5 | -20.64 | 8.89 | -183.5497 | 426.0402 | 79.0782 |
| 27 | 59.3 | 26.8 | 16.56 | -7.81 | -129.2849 | 274.2091 | 60.9556 |
| 計 | 1154.0 | 934.4 | 0.00 | 0.00 | -1577.7181 | 4687.6252 | 752.5185 |

図 10.2 負の相関図(Data 10.2)

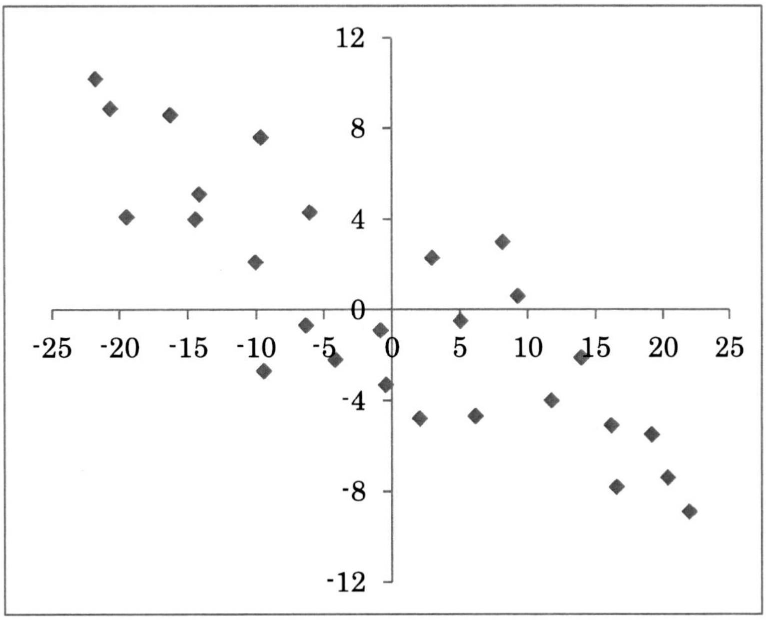

- **負の相関**：Data 10.2 の計算表をみると 2 変量の偏差の大部分の符号が異なっている
  相関図 10.2 をみると, 点の並びが**右肩下がり**で多くの点が左上 (**第 II 象限**) と
  右下 (**第 IV 象限**) に集中しているのがわかる

これらの象限に共通していることは偏差の符号が [ オ) 　　　　　　 ] ことである

[2] **相関の分類**

前項で観察された事実をもとに統計的に相関を分類することを考えよう.

**事例 10.2** 相関の分類

偏差の符号をもとに, 正および負の相関を分類することを考えよう. 次の統計量を定義する.

- $n$ 組のデータ：$(x_i, y_i)$ ,$i = 1, 2, \cdots, n$ について

  **偏 差**：$(x_i, y_i)$ に対する $x$ の偏差 $\xi_i = x_i - \overline{x}$, $y$ の偏差 $\eta_i = y_i - \overline{y}$

  **共変動**：偏差積 $\xi_i\eta_i$ の総和 $s_{xy} = \sum_{i=1}^{n} \xi_i\eta_i = \sum_{i=1}^{n} (x_i - \overline{x})(y_i - \overline{y})$

**解説**　共変動 $s_{xy}$ の符号について考えよう

- 正の相関を示している Data 10.1 では, 大部分の点が第 I および第 III 象限に集中している
  すなわち偏差の符号が一致して, 偏差積は大部分が正であるので共変動は $s_{xy} > 0$ である
- 負の相関を示している Data 10.2 では, 大部分の点が第 II および第 IV 象限に集中している
  すなわち偏差の符号が異なり, 偏差積は大部分が負であるので共変動 $s_{xy} < 0$ である

  しかし, $s_{xy}$ の値がどれほど大きくなれば正の相関といえるのか, どれほど小さくなれば負の相関といえるのか, 不明確でありこれだけでは相関の強弱を知ることはできない

## 10.2　相関係数

**要点 10.1 相関係数**

- **相関係数**　$r_{xy} = \dfrac{s_{xy}}{s_x s_y}$ ; 相関係数の値は次の範囲に限られる

  [ カ) 　　　　　　　　　　　　　　　　 ]

  1 に近いほど正の相関が強く, −1 に近いほど負の相関が強くなる

**解説**　相関係数の値の意味

- 共変動と変動には $s_{xy}^2 \leqq s_x^2 s_y^2$ の関係があり [カ] が成り立つ, これは次のような意味をもつ

偏差ベクトル $\boldsymbol{\xi} = (\xi_1, \xi_2, \cdots, \xi_n)$, $\boldsymbol{\eta} = (\eta_1, \eta_2, \cdots, \eta_n)$ に対して

$$r_{xy} = \frac{(\boldsymbol{\xi}, \boldsymbol{\eta})}{|\boldsymbol{\xi}| \cdot |\boldsymbol{\eta}|} = \cos\theta$$ , $(\boldsymbol{\xi}, \boldsymbol{\eta})$ は内積, $|\cdot|$ はベクトルの絶対値 (大きさ) を表す

ここで, $0 \leqq \theta \leqq \pi$ であり, $\theta$ は 2 変量 $x, y$ の相関の強さを表現している

i) $\theta = \frac{\pi}{2} \Rightarrow r_{xy} = 0$ に近いほど相関が弱くなる

ii) $\theta = 0 \Rightarrow r_{xy} = 1$ に近いほど正の相関が強くなる

iii) $\theta = \pi \Rightarrow r_{xy} = -1$ に近いほど負の相関が強くなる

**事例 10.3** Data の相関

Data 10.1 および 10.2 の 2 変量データの相関の強弱をそれぞれ判定しよう.

**解説**　それぞれの相関係数を計算する

- Data 10.1 : 必要な統計値は計算表から

変動 : $s_x^2 =$ [ キ)　　　　　　　　　　], $s_y^2 =$ [ ク)　　　　　　　　　　],

共変動 : $s_{xy} =$ [ ケ)　　　　　　　　　　]

よって, $r_{xy} = \dfrac{[ケ]}{\sqrt{[キ] \times [ク]}} =$ [ コ)　　　　　　　　　　]

*) 相関係数は基本的に小数 3 位で表示すれば十分である

従って, Data 10.1 の相関を判断すると [ サ)　　　　　　　　　　] といえる

- 同様に Data 10.2 の相関係数は

$$r_{xy} = \frac{[\text{ シ)}\qquad\qquad]}{\sqrt{[\text{ ス)}\qquad\qquad]}} = [\text{ セ)}\qquad\qquad]$$

従って, Data 10.2 の相関を判断すると [ ソ)　　　　　　　　　　] といえる

*) 相関係数は収集された 2 変量データの相関を表現するものである

問題は Data における相関の判定がそのまま母集団における相関になるとはいえない

相関分析では母集団における相関を明らかにする必要がある

**要点 10.2 相関係数による相関の強弱**

- 相関係数 $r_{xy}$ は収集した 2 変量データの相関の強弱を表現する

[ タ)　　　　　　] $< r_{xy} \leqq 1$ ⇒ 強い正の相関がある

[ チ)　　　　　　] $< r_{xy} \leqq$ [タ] ⇒ 正の相関ある

[ ツ)　　　　　　] $< r_{xy} \leqq$ [チ] ⇒ 弱い正の相関ある

$-$[ツ] $\leqq r_{xy} \leqq$ [ツ] ⇒ ほとんど相関はない

[ テ)　　　　　　] $\leqq r_{xy} < -$[ツ] ⇒ 弱い負の相関ある

[ ト)　　　　　　] $\leqq r_{xy} <$ [テ] ⇒ 負の相関ある

[ ナ)　　　　　　] $\leqq r_{xy} <$ [ト] ⇒ 強い負の相関ある

## 10.3　母集団における相関

データにおける相関係数は母集団における対象の 2 変量の相関を分析するもとになる．母集団における 2 変量の相関を表す特性量が [ ニ)　　　　　　　　　　　　] $\rho$ である．母集団における相関は次の 2 段階に分けて行う．

[1] 無相関の検定　　[2] 母相関係数の検定

**[1] 無相関の検定**

母集団において真に相関があるか否かを判定する分析が**無相関の検定**である．

**事例 10.4** 無相関の検定

Data 10.1 の母集団において真に相関があるか否かを分析しよう．

**解説**　検定に必要な統計情報をまとめよう

- 標本数 $n = 30, r_{xy} = 0.778$, $\rho$ を母相関係数として, 正の相関があるといえるかを検定する

① 仮説　　$\mathrm{H}_0 : \rho = 0$,　　$\mathrm{H}_1 : \rho > 0$

② 検定統計量とその分布　$\mathrm{H}_0$ を正しいと仮定して $\rho = 0$, 検定統計量は

$$T = [\text{ ヌ)}\qquad\qquad\qquad\qquad\qquad\qquad ]$$

③ 検定値, P 値 $r_{xy} = 0.778$ を代入, 検定値は

$$t = \sqrt{\frac{30-2}{1-0.778^2}} \times 0.778 = [\text{ ネ)}\qquad\qquad\qquad ]$$

P 値を求める, [ ノ)　　　　　　　　　　] 検定法なので, P 値 $= \mathrm{P}[T >$ [ネ]]

$t$ 分布表により検定値は 0.005 に対する値よりはるかに大きい

④ 検定判断：P 値がはるかに小さいので検定有意, $H_0$ 棄却

⑤ 検定結果：

危険率 [ ハ) 　　　　　　] % 以下で 12 歳児の体重と身長には正の相関があるといえる

**要点 10.3 無相関の検定**

- 母相関係数を $\rho$ として, 任意標本から得た統計情報をもとに母集団において,

  (i) 正の相関がある　(ii) 負の相関がある　(iii) 無相関　といえるかを検定する

- 統計情報をまとめる：標本組数 $n$, 相関係数 $r_{xy}$

① 相対立する仮説

帰無仮説 $H_0$ : $\rho = 0$,　対立仮説は検定内容で変わる

$H_1$ , (i): $\rho > 0$,　(ii): $\rho < 0$,　(iii): $\rho \neq 0$

② 検定統計量とその分布

$H_0$ を正しいと仮定して, $\rho = 0$ として検定統計量は

$$T = \sqrt{\frac{n-2}{1-r_{xy}^2}}\, r_{xy} \sim \boldsymbol{t}(n-2)$$

*) 2 変量を同時に扱う場合, 自由度は 2 減って $n-2$ となる

③ ④, ⑤ 母平均の検定における $t$ 検定と同様, ただし, P 値の基準を 0.05 とし,

検定法を $H_1$ (i) : 右片側, (ii) : 左片側, (iii) : 両側検定　とする

[2] **母相関の検定**

無相関の検定で相関があると認められると, 母集団において 2 変量にはどの程度に強い相関であるのかを分析する. それは**母相関係数の検定**による. この検定には次の関数が必要である.

$$\zeta(x) = \frac{1}{2}\log\frac{1+x}{1-x}, \quad (|x| < 1)$$

母相関係数 $\rho$ に対する基準値 $\rho_0$ に対する検定統計量として, 次が必要である.

$$n > 10 \Rightarrow \zeta(r_{xy}) \approx \boldsymbol{N}\left(m(\rho_0, n), \frac{1}{n-3}\right)$$

ここで $m(\rho_0, n) = \zeta(\rho_0) + \dfrac{\rho_0}{2(n-1)}$. これを標準化して

$$Z = \sqrt{n-3}\{\zeta(r_{xy}) - m(\rho_0, n)\} \approx \boldsymbol{N}(0, 1)$$

これをそのまま用いて検定するのは複雑なので，ここでは危険率 5% のもとでの相関の強さを予測する方法を考えよう． p.42 でみたように危険率 5% での右片側検定における棄却域は $R=\{z>1.645\}$ であるから基準値 $\rho_0$ に対して $Z>1.645$ を解いて検定有意となる $r_{xy}$ の限界値 $r_c$ の値を求めて，表にしたものが巻末の**母相関係数検定表**である．

**要点 10.4 母相関係数の検定**

- 母相関係数 $\rho$ に対する基準値 $\rho_0$ を設定して検定する

  (i) 正の相関がある場合は $\rho_0>0$　(ii) 負の相関がある場合は $\rho_0<0$ である

- 統計情報をまとめる：標本組数 $n>10$，相関係数 $r_{xy}$

① 相対立する仮説

帰無仮説 $\mathrm{H}_0:\rho=\rho_0$，　対立仮説は検定内容で変わる

$\mathrm{H}_1$：(i) $\rho>\rho_0$，　(ii) $\rho<\rho_0$

② 母相関係数検定表

$\mathrm{H}_0$ を正しいと仮定，基準値 $|\rho_0|$ に対する限界値 $r_c$ を出す

③ 検定判断：正の相関の場合 (*) ( ) 内は負の相関の場合

$r_{xy}>r_c$ ⇒ 検定有意，$\rho_0$ より強い正の ($-\rho_0$ より強い負の) 相関がある

検定有意でない場合，基準値を落として検定有意になる場合を探す

*) 実際は ③ を行えば分析できる

④ 検定結果：次の基準を参考に結果をまとめる

| 0–0.3 | 0.3–0.5 | 0.5–0.7 | 0.7–0.8 | 0.8–0.85 |
|---|---|---|---|---|
| 相関がない | 弱い | 通常の相関 | 強い | かなり強い |

| 0.85–0.9 | 0.9–0.95 | 0.95–1 |
|---|---|---|
| さらに強い | 非常に強い | 極めて強い |

**事例 10.5** 母相関の検定

Data 10.1 の母集団においてどの程度に強い相関があるかを分析しよう．

**解説**　$\rho$ をこの年代の体重と身長の母相関係数とする，検定に必要な統計情報をまとめよう

③ 検定判断 標本数 $n=30, r_{xy}=0.778$ を検定表にあてはめ

$\rho_0=0.6$ に対する 0.7699 と $\rho_0=0.65$ に対する 0.8016 の間である

従って, 母集団において [ ヒ)　　　　　　　　　　　　] なる相関といえる

④ 検定結果 : 危険率 5% で 12 歳児の体重と身長には [ フ)　　　　　　　　　　　　]

## 10.4 相関分析

相関分析の流れを確認しよう.

**事例 10.6** 相関分析

Data 10.2 の母集団において年齢と運動指数にはどのような相関があるかを分析しよう.

**解説**　相関分析に必要な統計情報, 相関係数を計算する

- 標本数 $n = 27, r_{xy} = -0.840$, (事例 10.3)

(1) 無相関の検定 : $\rho$ を母相関係数として, 負の相関があるといえるかを検定する

① 仮説　　$\mathrm{H}_0 : \rho = 0, \qquad \mathrm{H}_1 : \rho < 0$

② 検定統計量とその分布　$\mathrm{H}_0$ を正しいと仮定して $\rho = 0$, 検定統計量は

$T =$ [ ヘ)　　　　　　　　　　　　]

③ 検定値, P 値　$r_{xy} = -0.840$ を代入, 検定値は

$$t = \sqrt{\frac{27-2}{1-(-0.84)^2}} \times (-0.84) = [\text{ホ})\qquad\qquad]$$

P 値を求める, [ マ)　　　　　　　　] 検定法なので, P 値 $= \mathrm{P}[T < [\text{ホ}]]$

$t$ 分布表により検定値の絶対値は 0.005 に対する値よりはるかに大きい

④ 検定判断 : P 値がはるかに小さいので検定有意, $\mathrm{H}_0$ 棄却

⑤ 検定結果 :

危険率 [ ミ)　　　　] % 以下で年齢と運動指数には負の相関があるといえる

(2) 母相関の検定 :

$\rho$ を母相関係数として, 負の相関があるので母相関係数の検定を行う

③ 検定判断

標本数 $n = 27, |r_{xy}| = 0.840$ を検定表にあてはめ

$\rho_0 = 0.7$ に対する 0.8386 と $\rho_0 = 0.75$ に対する 0.8676 の間である

従って, 母集団において [ ム)　　　　　　　　　　　　] なる相関といえる

④ 検定結果：

危険率 5% で年齢 (20~65) と運動指数には [ メ) ]

------------------------補完------------------------

- 空欄

(p.63) ア) 正の相関　イ) 負の相関　ウ) 相関がない (無相関)　エ) 一致

(p.66) オ) 異なる　カ) $-1 \leqq r_{xy} \leqq 1$

(p.67) キ) 3071.0947　ク) 3558.9297　ケ) 2571.4913

(p.67) コ) 0.778　サ) 強い正の相関　シ) $-1577.72$　ス) $4687.6252 \times 752.5185$　セ) $-0.840$
ソ) 強い負の相関

(p.68) タ) 0.7　チ) 0.5　ツ) 0.3　テ) $-0.5$　ト) $-0.7$　ナ) $-1$　ニ) 母相関係数
ヌ) $\sqrt{\dfrac{30-2}{1-r_{xy}^2}}r_{xy} \sim \boldsymbol{t}(28)$　ネ) 6.549　ノ) 右片側

(p.69) ハ) 1

(p.71) ヒ) $\rho > 0.6$　フ) 通常の正の相関がある　ヘ) $\sqrt{\dfrac{27-2}{1-r_{xy}^2}}r_{xy} \sim \boldsymbol{t}(25)$　ホ) $-7.742$
マ) 左片側　ミ) 1　ム) $\rho < -0.7$

(p.72) メ) 強い負の相関がある

# XI. 回帰分析

本講におけるテーマは 2 変量間の相関を利用した回帰モデルの利用である.

① 回帰モデル　② モデルの精度　③ モデルの利用

前講の相関分析により, ある程度の相関があると認められた 2 変量について一方の変量から他方の変量の動向を推測あるいは予測することに利用できる**回帰モデル**を学ぼう.

## 11.1 直線回帰モデル

2 変量データの相関図においては, 相関が強いほどプロットされた点の並びが直線的になる傾向が強まる. その動きを応用して, 一方から他方の変量の動向予測や分析に応用する. その最も基本的なものが**単回帰直線モデル**である.

[1] **回帰直線**

相関が認められた Data 10.1 および 10.2 の 2 変量の偏差の相関図をみると, 直線的に並ぶ傾向が観測される. そこで, 点全体の動きにフィットする最適な直線を求めよう.

**事例 11.1** 回帰直線

$n$ 組の 2 変量データの偏差を

$$(\xi_1, \eta_1), (\xi_2, \eta_2), \cdots, (\xi_n, \eta_n)$$

とするとき, これらの点の動きに最も適合する直線を決めよう.

*) ここで $\xi_i = x_i - \overline{x}$, $\eta_i = y_i - \overline{y}$ である.

**解説** Data 10.1 および 10.2 の相関図 (p.64, 65) をみると, 最適直線は原点を通ると推測される

その直線の傾きを $b$ とすると, 最適な直線は $\eta = b\xi$ とおける

それぞれの点 $(\xi_i, \eta_i)$ はこの直線からズレているので, そのズレ (誤差) を

$e_i$ で表すと $\eta_i = b\xi_i + e_i$ となる

- 誤差の総和 $\displaystyle\sum_{i=1}^{n} e_i$ は 0 である

これは, 偏差の総和 $\displaystyle\sum_{i=1}^{n} \xi_i = 0$, $\displaystyle\sum_{i=1}^{n} \eta_i = 0$ に由来する

最適な直線は誤差全体を最小にする ⇔ 誤差平方の総和を最小にする

$$Q(b)=\sum_{i=1}^{n} e_i^2=\sum_{i=1}^{n}(\eta_i-b\xi_i)^2 \text{ が最小 } \Rightarrow Q'(b)=0$$

$$Q'(b)=-2\sum_{i=1}^{n}\xi_i(\eta_i-b\xi_i)=0 \Rightarrow b\sum_{i=1}^{n}\xi_i^2=\sum_{i=1}^{n}\xi_i\eta_i \Rightarrow bs_x^2=s_{xy}$$

これにより決められた $b$ を $\hat{b}$ と表し **回帰係数** と呼ぶ：$\hat{b}=\dfrac{s_{xy}}{s_x^2}$

また, 直線 $\eta_i=\hat{b}\xi_i$ を**回帰直線**, $\eta_i=\hat{b}\xi_i+e_i$ を**回帰モデル**という

- これらを $x,y$ で表示すると

$$y-\overline{y}=\hat{b}(x-\overline{x})+e \Rightarrow y=\hat{a}+\hat{b}x+e \text{ , ここで } \hat{a}=\overline{y}-\hat{b}\overline{x}$$

*) このように最適な曲線 (直線) を決める考え方を**最小二乗法**という

**要点 11.1 回帰モデル**

- **(直線) 回帰モデル** $y=\hat{a}+\hat{b}x+e$

回帰係数 $\hat{b}=$ [ア) ], $\hat{a}=$ [イ) ]

正の相関ならば $\hat{b}>0$ , 負の相関ならば $\hat{b}<0$

[2] **モデルの精度**

回帰モデルが作られてもその精度が低ければ利用価値がない. モデルの精度を考えよう.

**事例 11.2** 回帰精度

回帰モデルの精度を考える. 事例 11.1 で作られた回帰直線が観測値全体とどの程度乖離したものかを出そう.

**解説** 回帰直線は誤差平方の総和を最小にするものであった, その最小値は

$$\begin{aligned} Q(b) &= \sum_{i=1}^{n} e_i^2=\sum_{i=1}^{n}(\eta_i-b\xi_i)^2=s_x^2b^2-2s_{xy}b+s_y^2 \\ &= s_{xy}^2\left(b-\frac{s_{xy}}{s_x^2}\right)^2+s_y^2-\frac{s_{xy}^2}{s_x^2} \end{aligned}$$

よって　　最小値は $s_y^2-\dfrac{s_{xy}^2}{s_x^2}$

これは $y$ の動向が $x$ によってこれ以上説明できない部分を数値化したものといえる

最小値の第 1 項目 $s_y^2$ は $y$ の変動, つまり $y$ の動向全体を表すので, それから除かれる第 2 項は $x$ により説明された $y$ の動向部分を表すものである

従って, $x$ により説明された $y$ の動向の比率は $\dfrac{1}{s_y^2}\dfrac{s_{xy}^2}{s_x^2} = \dfrac{s_{xy}^2}{s_x^2 s_y^2} = r_{xy}^2$ である

この値が回帰モデルの精度を表す指標といえ, **決定係数** と呼ぶ

**要点 11.2 回帰の精度**

- **決定係数**　$r_{xy}^2 =$ [ウ)　　　　　　　　　　]

  $y$ 全体の動向のうち $x$ により説明された $y$ の動向部分の比率を表す

  $0 < r_{xy}^2 < 1$ であり, 1 に近いほど精度は高くなるといえる

- 一般的な決定係数の目安

  $r_{xy}^2 \geqq$ [エ)　　　　　　] ⇒ まずまずの精度が見込まれる

  $r_{xy}^2 \geqq$ [オ)　　　　　　] ⇒ 非常に良好で, 有効なモデルといえる

**事例 11.3** 回帰モデルとその精度

Data 10.1 の回帰モデルを出し, その精度を考えよう.

**解説**　必要な統計値をまとめると　平均 : $\overline{x} =$ [カ)　　　　　　], $\overline{y} =$ [キ)　　　　　　],

変動 : $s_x^2 =$ [ク)　　　　　　], 共変動 : $s_{xy} =$ [ケ)　　　　　　]

よって, $\hat{b} =$ [コ)　　　　　　], $\hat{a} =$ [サ)　　　　　　]

回帰モデルは [ シ)　　　　　　　　　　] (図 11.1)

これにより 12 歳児では体重が 1 kg 重いと身長は [コ] cm 程度高くなる傾向が予想される

このモデルの精度 : 決定係数 $0.778^2 = 0.6052$ 約 [ ス)　　　　　　] % の説明力があり, 有効なモデルと考えられる

## 11.2 回帰モデルの利用

作られた回帰モデルが一定の精度を保つならば, $x$ の値から $y$ の動向を説明するあるいは予測することに利用できる. またそれは母集団における 2 変量の動向を推測することにつながる.

[1] **予測平均の推定値**

**事例 11.4** 回帰モデルの利用

事例 11.3 で作られた回帰モデルを利用し, 体重 40 kg の 12 歳児の身長はどの程度といえるか.

**解説**　事例 11.3 で作られた回帰モデル：$y = 115.533 + 0.837x + e$

$x = 40$ を代入して, $y = 115.533 + 0.837 \times 40 + e = 149.026 + e$

これにより体重 40 kg の 12 歳児の平均身長の推定値は 149.03 cm ということになる

これにも信頼度を付して推定することが望まれる

図 11.1 回帰モデルと予測平均

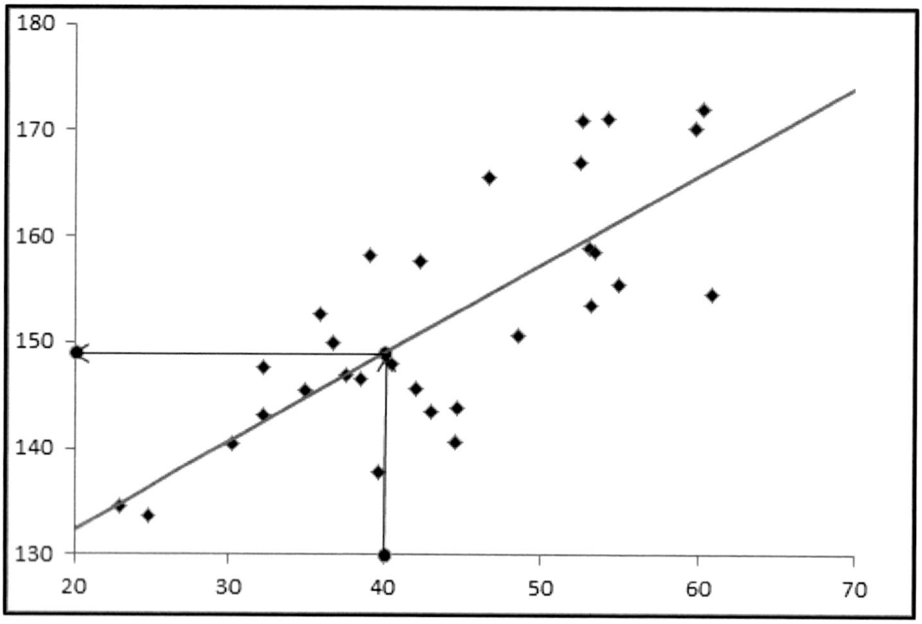


[2] **予測平均の推測**

有効な回帰モデル $y = \hat{a} + \hat{b}x + e$ は母集団における 2 変量 $X, Y$ に対して

**母回帰式**　$\boldsymbol{Y = \alpha + \beta X + \varepsilon}$　で説明できることを予見させる.

そのような場合, $\alpha, \beta$ を**母回帰係数**といい, $\hat{a}, \hat{b}$ がそれぞれの推定値となる. また, $\varepsilon$ を**残差**といい, モデルにおける誤差 $e$ はこの推定値である.

対象となる範囲の $X$ に対する $Y$ の値をこの回帰モデルで説明しようとするとき, その中の特定の値 $X = x_p$ に対する $Y$ の母平均 $\mu_p$ は $\mu_p = \alpha + \beta x_p$ とモデル化される. その推定量が $Y_p = \hat{a} + \hat{b}x_p$ であり, これを**予測平均**という. 事例 11.4 は体重 40 kg の 12 歳児の平均身長 (母平均) の推定値を出したことになる. これに対して, 母平均や母比率の推定と同様に信頼度を付して推定するためには確率分布を知る必要がある. 次のことが知られている.

**要点 11.3 予測平均の確率分布**

- **残差** $\varepsilon$ は正規分布 $\boldsymbol{N}(0,\sigma^2)$ に従うものとする

$\sigma^2$ の推定量：**残差分散** $v_e^2 = \dfrac{s_e^2}{n-2}$

ここで $s_e^2 = s_y^2 - \dfrac{s_{xy}^2}{s_x^2}$ は**残差変動**と呼ばれる

**予測平均** 特定の $X = x_p$ に対して $y_p = \hat{a} + \hat{b}x_p$

$$y_p \text{ の確率分布 : } y_p \sim \boldsymbol{N}\left(\mu_p, \sigma^2\left\{\frac{1}{n} + \frac{(x_p-\overline{x})^2}{s_x^2}\right\}\right)$$

標準化 $Z = \dfrac{y_p - \mu_p}{\sqrt{\sigma^2\left\{\dfrac{1}{n} + \dfrac{(x_p-\overline{x})^2}{s_x^2}\right\}}} \sim \boldsymbol{N}(0,1)$

不明な $\sigma^2$ を推定量 $v_e^2$ に変換 $T = \dfrac{y_p - \mu_p}{\sqrt{v_e^2\left\{\dfrac{1}{n} + \dfrac{(x_p-\overline{x})^2}{s_x^2}\right\}}} \sim \boldsymbol{t}(n-2)$

**事例 11.5** 予測平均の推定

事例 11.3 の回帰モデルを利用し, 体重 40kg の 12 歳児の平均身長を信頼度 90%で推定しよう.

解説 統計情報：標本組数：$n = 30$, 標本平均：$\overline{x} = 43.75$, 推定値：$y_p = 149.03$ (事例 11.4)

残差分散 $v_e^2$：$s_e^2 = 3558.9297 - \dfrac{2571.4913^2}{3071.0947}$, $v_e^2 =$ [セ　　　　　　　　　　　],

① 推定統計量とその分布 $\mu_p$ を体重 40kg の 12 歳児の平均身長として推定する

$T =$ [ソ　　　　　　　　　　　　　　　　　　　　]

② 信頼度設定, 臨界値：( $t$ 分布表を使う)

信頼度 90 % として, $\mathrm{P}[|T| < c] = 0.90$ である臨界値を出す

自由度 28 のラインから信頼度 $\beta = 0.90$ に対する $c =$ [タ　　　　　　]

③ $\mu_p$ について計算

$$|T| < [タ] \Leftrightarrow \frac{|y_p - \mu_p|}{\sqrt{50.2059 \times \left\{\dfrac{1}{30} + \dfrac{(40-43.75)^2}{3071.0947}\right\}}} < [タ]$$

$$\Leftrightarrow \quad |y_p - \mu_p| < [\text{タ}] \times \sqrt{50.2059 \times \left\{ \frac{1}{30} + \frac{(40 - 43.75)^2}{3071.0947} \right\}} = [\text{チ})$$ ](切上)

$$\Leftrightarrow \quad y_p - [\text{チ}] < \mu_p < y_p + [\text{チ}]$$

④ 信頼区間の計算

$y_p = 149.03$ を代入 $\Leftrightarrow$ $149.03 - [\text{チ}] < \mu < 149.03 + [\text{チ}]$

$\Leftrightarrow$ [ツ) ](90%信頼区間)

⑤ 推定結果：体重 40kg の 12 歳児の平均身長は 90 % の信頼度で

[ テ) ] の間であると推定できる.

## 11.3 回帰分析

次の事例を通して, 回帰分析の流れを確認しよう.

**事例 11.6** 予測平均の推定

Data 10.2 をもとに年齢 (20 歳 ~ 65 歳) と運動指数の回帰分析をしてみよう.

(1) 回帰モデルを出し, その精度を考えよう.

(2) 回帰モデルをもとに, 35 歳の人の運動指数の予測値を信頼度 95% で推定しよう.

**解説** 必要な統計値：標本組数：$n = 27$, 平均：$\overline{x} =$ [ト) ], $\overline{y} =$ [ナ) ],

変動：$s_x^2 =$ [ニ) ], $s_y^2 =$ [ヌ) ]

共変動：$s_{xy} =$ [ネ) ]

(1) 回帰モデル：回帰係数 $\hat{b} =$ [ノ) ],

$\hat{a} =$ [ハ) ]

回帰モデルは [ ヒ) ]

従って 20 歳 ~ 65 歳では 1 年経過すると運動指数は [ フ) ]
傾向が予想される

モデルの精度：決定係数は [ヘ) ] なので

約 [ ホ) ] % の説明力があり, 有効なモデルと考えられる

(2) 追加の統計情報：35 歳の推定値：$y_p =$ [マ) ]

残差変動：$s_e^2 =$ [ミ) ]

残差分散：$v_e^2 =$ [ム) ],

① 推定統計量とその分布　$\mu_p$ を 35 歳の人の平均運動指数として推定する

$T =$ [メ)　　　　　　　　　　　　　　　　　　　　　　]

② 信頼度設定, 臨界値 : ( $t$ 分布表を使う)

信頼度 95 % として, $\mathrm{P}[|T| < c] = 0.95$ である臨界値を出す

自由度 25 のラインから信頼度 $\beta = 0.95$ に対する $c =$ [モ)　　　　　　　]

③ $\mu_p$ について計算

$$|T| < [モ] \Leftrightarrow \frac{|y_p - \mu_p|}{\sqrt{8.8602 \times \left\{\frac{1}{27} + \frac{(35-42.74)^2}{4687.6252}\right\}}} < [モ]$$

$$\Leftrightarrow |y_p - \mu_p| < [モ] \times \sqrt{8.8602 \times \left\{\frac{1}{27} + \frac{(35-42.74)^2}{4687.6252}\right\}} = [ヤ)\qquad\qquad](切上)$$

$$\Leftrightarrow y_p - [ヤ] < \mu_p < y_p + [ヤ]$$

④ 信頼区間の計算

$y_p = 37.21$ を代入して　$\Leftrightarrow$ $37.21 - [ヤ] < \mu < 37.21 + [ヤ]$

$\Leftrightarrow$ [ユ)　　　　　　　　　　　　　　　　](95%信頼区間)

⑤ 推定結果 : 35 歳の人の平均運動指数は 95 % の信頼度で

[ ヨ)　　　　　　　　　　　　　　　　　　　] であると推定できる.

---補完---

- 空欄

(p.74) ア) $\frac{s_{xy}}{s_x^2}$　イ) $\overline{y} - \hat{b}\overline{x}$

(p.75) ウ) 相関係数$^2$　エ) 0.5　オ) 0.8　カ) 43.746　キ) 152.163　ク) 3071.0947

ケ) 2571.4913　コ) $\frac{2571.4913}{3071.0947} = 0.8373$　サ) $152.163 - 0.8373 \times 43.746 = 115.5333$

シ) $y = 115.533 + 0.837x + e$　ス) 60.5

(p.77) セ) $\frac{1405.7666}{30-2} = 50.2059$　ソ) $\frac{y_p - \mu_p}{\sqrt{50.2059 \times \left\{\frac{1}{30} + \frac{(40-43.75)^2}{3071.0947}\right\}}} \sim \boldsymbol{t}(28)$　タ) 1.701

チ) 16.63　ツ) $132.40 < \mu_p < 165.66$　テ) 132.40 cm から 165.66 cm (p.78) ト) 42.74　ナ) 34.61　ニ) 4687.6252　ヌ) 752.5185　ネ) -1577.7181

ノ) $\dfrac{-1577.7181}{4687.6252} = -0.337$　ハ) $34.61 - (-0.337) \times 42.74 = 48.995$

ヒ) $y = 48.995 - 0.337x + e$　フ) 約 0.34 減少する　ヘ) $(-0.84)^2 = 0.7056$　ホ) 70.6

マ) $48.995 - 0.337 \times 35 = 37.22$　ミ) $752.5185 - \dfrac{(-1577.7181)^2}{4687.6252} = 221.5045$

ム) $\dfrac{221.5045}{27-2} = 8.8602$

(p.79) メ) $\dfrac{y_p - \mu_p}{\sqrt{8.8602 \times \left\{ \dfrac{1}{27} + \dfrac{(35-42.74)^2}{4687.6252} \right\}}} \sim \boldsymbol{t}(25)$

モ) 2.060　ヤ) 4.08　ユ) $33.14 < \mu_p < 41.30$　ヨ) 33.14 以上 41.30 以下

図 11.2 事例 11.6 回帰モデルと予測平均

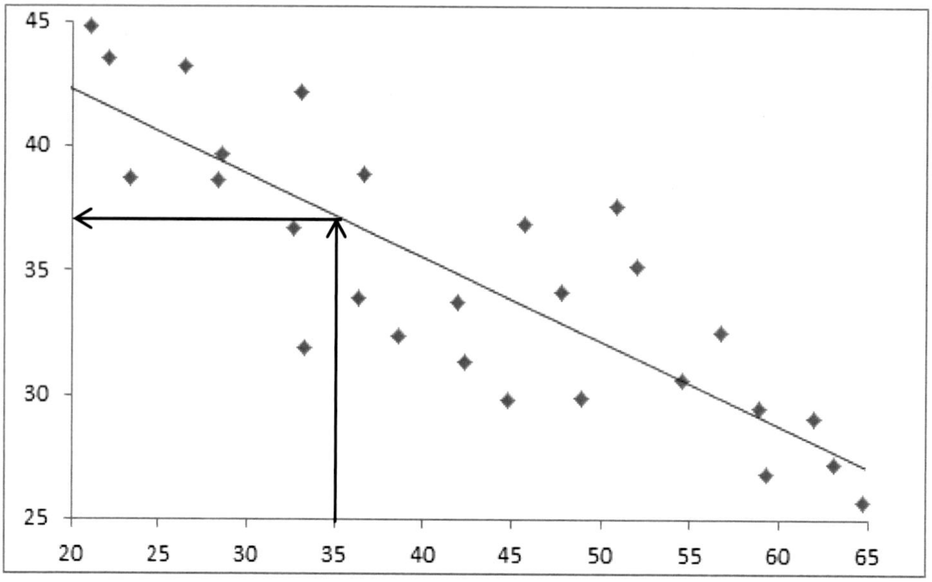

# 演　習

**演習 12.1**　Data 12.1 について

(1) クラス分けし, 度数分布表を作成, そのヒストグラムを描け.

(2) 度数分布表による平均, 分散, 標準偏差を計算せよ.

Data 12.1 ある年代サラリーマンの給与額 (万円)

| | | | | | | | | | | | |
|---|---|---|---|---|---|---|---|---|---|---|---|
| 36.15 | 40.46 | 46.15 | 53.05 | 20.99 | 35.95 | 35.77 | 54.73 | 41.97 | 32.65 | 34.12 | 46.93 |
| 40.64 | 45.04 | 24.66 | 53.42 | 20.89 | 46.32 | 21.48 | 40.72 | 21.41 | 42.01 | 40.32 | 49.24 |
| 36.53 | 27.34 | 28.39 | 28.05 | 48.34 | 46.44 | 43.19 | 34.39 | 33.19 | 20.77 | 48.80 | 32.87 |
| 45.15 | 32.21 | 37.79 | 33.05 | 16.99 | 27.26 | 33.98 | 38.79 | 24.05 | 29.63 | 32.10 | 39.54 |
| 48.69 | 43.24 | 27.41 | 47.57 | 35.58 | 51.58 | 27.81 | 28.76 | 47.63 | 44.59 | 49.38 | 48.84 |
| 54.42 | 38.96 | 31.19 | 25.49 | 46.66 | 29.30 | 48.06 | 51.02 | 49.20 | 40.47 | 35.35 | 33.10 |
| 48.68 | 39.37 | 37.16 | 47.57 | 18.61 | 22.68 | 44.55 | 37.49 | 42.35 | 45.76 | 56.39 | 35.94 |
| 47.59 | 54.33 | 38.88 | 59.44 | 26.68 | 34.42 | 32.50 | 35.41 | 44.29 | 50.14 | 55.01 | 43.80 |
| 48.70 | 51.90 | 31.20 | 43.31 | 47.95 | 55.29 | 24.73 | 38.67 | 47.70 | 37.28 | 47.30 | 31.56 |
| 29.13 | 38.57 | 25.55 | 40.16 | | | | | | | | |

表 12.1　ある年代のサラリーマンの給与額 (Data 12.1) の度数分布表

| クラス | 下限 | 上限 | 階級値 ($c$) | 度数 | 相対度数 ($p$) | $c \times p$ | $(\text{偏差})^2 \times p$ |
|---|---|---|---|---|---|---|---|
| 1 | 15.5 | 20.5 | | | | | |
| 2 | 20.5 | 25.5 | | | | | |
| 3 | 25.5 | 30.5 | | | | | |
| 4 | 30.5 | 35.5 | | | | | |
| 5 | 35.5 | 40.5 | | | | | |
| 6 | 40.5 | 45.5 | | | | | |
| 7 | 45.5 | 50.5 | | | | | |
| 8 | 50.5 | 55.5 | | | | | |
| 9 | 55.5 | 60.5 | | | | | |
| 計 | | | | | | | |

**演習 12.2**　ある水域の魚種 F の体長 $X$ (cm) の確率分布は, ほぼ $X \sim \boldsymbol{N}(11.2, 3.15)$ であるという. このとき, 次の割合を表す $\boldsymbol{N}(0,1)$ の図を示しその値を推測せよ.

(1) 12 cm 以上　　(2) 10 cm 以下　　(3) 10.5 cm 以上 12.5 cm 以下

(4) 9 cm 以上 10.5 cm 以下

**演習 12.3**　Data 12.2 は受験者が非常に多いある試験科目について, 任意に抽出した受験生の成績を度数分布にしたものである. 過去のデータからこの科目の得点は **母標準偏差 ($\sigma$) が 20.5** と既知なものであるが正規母集団ではない．この試験の全体の平均点 $\mu$ (点) の推測について，度数分布表を完成して，次の (1), (2) の $\boxed{ア}$ から $\boxed{サ}$ の空欄に適する指定された統計用語 (記号), 数式, 数値あるいは推定結果を埋めよ．ただし，同じ記号には同じものが入る．また, (3) に答えよ．

(1) 全体の平均点 $\mu$ (点) の推定値はその $\boxed{ア (統計用語)}$ 推定量である標本平均 $\overline{X}$ で行われる．まず 250 人の平均点が $\mu$ から $\pm 1.5$ 点以内である精度を求めたい．対象全体は母分散 $\sigma^2 = \boxed{イ (数値)}$ と既知の $\boxed{ウ (統計用語)}$ 母集団であるが，標本数が十分に大きいので $\boxed{エ (統計用語)}$ を利用して，推定に使われる統計量 (推定統計量) は

$$Z = \boxed{オ (数式)} \approx \boldsymbol{N}(0,1)$$

である．標本平均 $\overline{X}$ が $\mu$ から $\pm 1.5$ 点以内は $\boxed{カ (数式)} < 1.5$ ということなので，$Z$ に変換すると $|Z| < \boxed{キ (数値)}$ である．この確率の計算は以下の通り．

$$\begin{aligned} \mathrm{P}[|Z| < \boxed{キ}] &= 2 \times \mathrm{P}[0 < Z < \boxed{キ}] \\ &= 2 \times \boxed{ク (数値)} = \boxed{ケ (数値)} \end{aligned}$$

従って，求める精度は約 $\boxed{コ (数値)}$ % と出る．

(2) 次に，Data 12.2 から $\mu$ を信頼度 90% で推定する．このとき，臨界値は $\boxed{サ (数値)}$ であり，推定に使われる統計量 (推定統計量) $Z = \boxed{オ} \approx \boldsymbol{N}(0,1)$ を用いて，

$$|Z| < \boxed{サ} \Rightarrow \boxed{シ (数式)} < \boxed{サ}$$

さらに計算すると

$$\Rightarrow \quad |\overline{X} - \mu| < \boxed{ス (数値)} \ (小数 2 位に切上)$$

平均 $\overline{x}$ を代入して，信頼度 90% の信頼区間は $\boxed{セ (数値)} < \mu < \boxed{ソ (数値)}$ と出る．以上により推定結果をまとめると $\boxed{タ (推定結果)}$ となる．

(3) Data 12.2 をもとに，この試験科目全体の平均点は 60 点を上まわるといえるか，P 値による検定をせよ．また，P 値の図を描け．

Data 12.2 ある試験の得点分布表

| クラス | 下限 | 上限 | 度数 | 階級値 $(c)$ | 相対度数 $(p)$ | $c \times p$ | $(偏差)^2 \times p$ |
|---|---|---|---|---|---|---|---|
| 1 | 10 | 20 | 5 | | | | |
| 2 | 20 | 30 | 14 | | | | |
| 3 | 30 | 40 | 25 | | | | |
| 4 | 40 | 50 | 28 | | | | |
| 5 | 50 | 60 | 38 | | | | |
| 6 | 60 | 70 | 39 | | | | |
| 7 | 70 | 80 | 42 | | | | |
| 8 | 80 | 90 | 35 | | | | |
| 9 | 90 | 100 | 24 | | | | |
| | 計 | | | −− | | | |

**演習 12.4** Data 12.3 はある業種における大卒者初任給のデータである. 次に答えよ.

(1) 次の基本統計値を求めよ.

(1.1) 平均　(1.2) 変動　(1.3) (標本) 分散　(1.4) 標本分散に対する標準偏差

(2) 5 要約値を求め, 箱ひげ図を描け. それからわかる分布の特徴をまとめよ.

Data 12.3 ある業種の大卒者初任給 (万円)

| | | | | | | | | |
|---|---|---|---|---|---|---|---|---|
| 22.7 | 15.9 | 21.1 | 20.2 | 19.9 | 17.9 | 18.8 | 23.1 | 25.5 |
| 20.4 | 16.6 | 18.6 | 20.9 | 16.1 | 21.9 | 23.4 | 25.6 | 20.5 |

**演習 12.5** Data 12.1 の母集団の分布は不明であるが, 母標準偏差は 85,000 円程度とみられる. これと演習 12.1 で得られた統計情報をもとにこの年代のサラリーマンの平均給与の推測について次に答えよ. (2), (3) については P 値の図も描け.

(1) 平均給与を信頼度 90% で推定せよ. (信頼度の図も描け)

(2) 「平均給与は 420,000 円とはいえない」という論について P 値による検定をせよ.

(3) 「平均給与は 395,000 円を超えた」という論について P 値による検定をせよ.

**演習 12.6** コインを 6 枚同時にトスして, 表が出る枚数を変量 $X$ とする.

(1) $X$ の確率分布を求めよ.

(2) $\mathrm{P}[\ X \geqq 5\ ]$ および $\mathrm{P}[\ X < 3\ ]$ を求めよ.

(3) $X$ の平均, 分散, 標準偏差を求めよ.

**演習 12.7** Data 12.3 の業種における大卒者初任給はほぼ正規分布といえる. これをもとに, 平均初任給の推測について次に答えよ.

(1) 大卒者初任給について, 平均額は { ア } 円, 母標準偏差は { イ } 円と推定される.

(2) 平均初任給を信頼度 95% で推定せよ. (信頼度の図も描け)

(3) 平均初任給は 215,000 円に達していないのか, 危険率 5% で検定せよ.

(4) (3) について P 値による検定をせよ. (P 値の図も描け)

**演習 12.8** ある報道機関の意識調査によると, 政府の推進する政策 K に対し有権者 1156 人中 545 人が支持すると応えた. 有権者全体における K 政策の支持率について次に答えよ.

(1) 支持率を信頼度 90% で推定せよ.

(2) 「支持率は過半数に達していない」という報道は正しいといえるか. P 値により検定せよ.

(3) 支持率は 45% を上まわっているといえるか. P 値により検定せよ.

**演習 12.9** Data 12.4 は気温 ($x$ ℃) と商品 H の売上利益 ($y$ 万円) のデータである. この 2 変量の相関と回帰について次に答えよ.

(1) 相関係数を求め, データとしての相関の分類と程度を説明せよ.

(2) 母集団における相関分析をせよ.

(3) 回帰モデルを作成し, その精度・有効性を説明せよ.

(4) 気温 22 ℃の場合の売上利益はどの程度になるか. 信頼度 90% で推定せよ.

Data 12.4 気温 ($x$ ℃) と商品 H の売上利益 ($y$ 万円)

| No. | $x$ ℃ | $y$ 万円 | No. | $x$ ℃ | $y$ 万円 | No. | $x$ ℃ | $y$ 万円 |
|---|---|---|---|---|---|---|---|---|
| 1 | 23.5 | 48.2 | 11 | 25.4 | 29.5 | 21 | 15.5 | 67.7 |
| 2 | 24.8 | 47.0 | 12 | 17.7 | 61.3 | 22 | 32.5 | 19.8 |
| 3 | 26.1 | 25.6 | 13 | 20.8 | 47.9 | 23 | 16.7 | 59.3 |
| 4 | 23.2 | 48.2 | 14 | 23.4 | 40.1 | 24 | 29.1 | 24.2 |
| 5 | 24.6 | 27.7 | 15 | 17.0 | 49.3 | 25 | 30.6 | 23.6 |
| 6 | 24.2 | 44.0 | 16 | 23.9 | 51.2 | 26 | 20.1 | 54.1 |
| 7 | 24.4 | 45.3 | 17 | 24.2 | 33.3 | 27 | 26.6 | 37.7 |
| 8 | 25.0 | 36.2 | 18 | 21.6 | 46.8 | 28 | 24.5 | 36.0 |
| 9 | 28.7 | 32.2 | 19 | 19.4 | 49.9 | | | |
| 10 | 27.5 | 35.4 | 20 | 26.8 | 30.7 | | | |

**演習 12.10** Data 12.5 はタバコ価格 ($x$ 円) と成人男性喫煙率 ($y$ %) のデータである. この 2 変量の相関と回帰について次に答えよ.

(1) 相関係数を求め, データとしての相関の分類と程度を説明せよ.

(2) 母集団における相関分析をせよ.

(3) 回帰モデルを作成し, その精度・有効性を説明せよ.

(4) 価格 350 円の場合の成人男性喫煙率はどの程度になるか. 信頼度 95% で推定せよ.

Data 12.5 タバコ価格 ($x$ 円) と成人男性喫煙率 ($y$ %)

| No. | $x$ (円) | $y$ (%) | No. | $x$ (円) | $y$ (%) | No. | $x$ (円) | $y$ (%) |
|---|---|---|---|---|---|---|---|---|
| 1 | 200 | 61.6 | 9 | 220 | 58.8 | 17 | 270 | 48.3 |
| 2 | 200 | 61.2 | 10 | 220 | 57.5 | 18 | 270 | 46.9 |
| 3 | 200 | 61.1 | 11 | 230 | 56.1 | 19 | 270 | 45.8 |
| 4 | 200 | 60.5 | 12 | 250 | 55.2 | 20 | 300 | 41.3 |
| 5 | 200 | 61.2 | 13 | 250 | 54.0 | 21 | 300 | 40.2 |
| 6 | 200 | 60.4 | 14 | 250 | 53.5 | 22 | 300 | 39.5 |
| 7 | 208 | 59.8 | 15 | 250 | 52.0 | 23 | 320 | 39.2 |
| 8 | 220 | 59.0 | 16 | 250 | 49.1 | | | |

# 統計表

(A.1) 標準正規分布表 (i) $Z \sim \boldsymbol{N}(0,1)$

$z > 0$ に対して $\mathrm{P}[\,0 < Z < z\,] = p$ なる $p$ を出す

(A.2) 標準正規分布表 (ii) $Z \sim \boldsymbol{N}(0,1)$

$\alpha$ に対して $\alpha = \mathrm{P}[\,Z > c\,]$ なる $c$ を出す

$\beta$ に対して $\beta = \mathrm{P}[\,|Z| < c\,]$ なる $c$ を出す

(B.) $\boldsymbol{t}$ 分布表 $T \sim \boldsymbol{t}(\nu)$

$\alpha$ に対して $\alpha = \mathrm{P}[\,Z > c\,]$ なる $c$ を出す

$\beta$ に対して $\beta = \mathrm{P}[\,|Z| < c\,]$ なる $c$ を出す

(C.) 母相関係数検定表

標本組数 $n > 10$, 相関係数 $r_{xy}$ に対して,

母相関係数 $\rho = \rho_0$ のもとに,

$$0.05 = \mathrm{P}[\,r_{xy} > r\,] \text{ なる } r \text{ を出す}$$

$r_{xy} > r$ ならば危険率 5% で母相関は $\rho_0$ より強いといえる

(A.1)　$Z \sim \boldsymbol{N}(0,1)$ に対して $\mathrm{P}[\,0 < Z < z\,] = p$

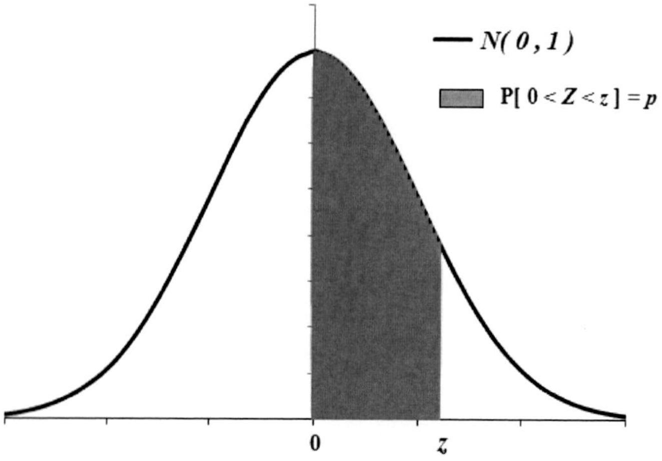


(A.2)　$Z \sim \boldsymbol{N}(0,1)$ に対して $\mathrm{P}[\,|Z| < c\,] = \beta,\ \mathrm{P}[\,Z > c\,] = \alpha$

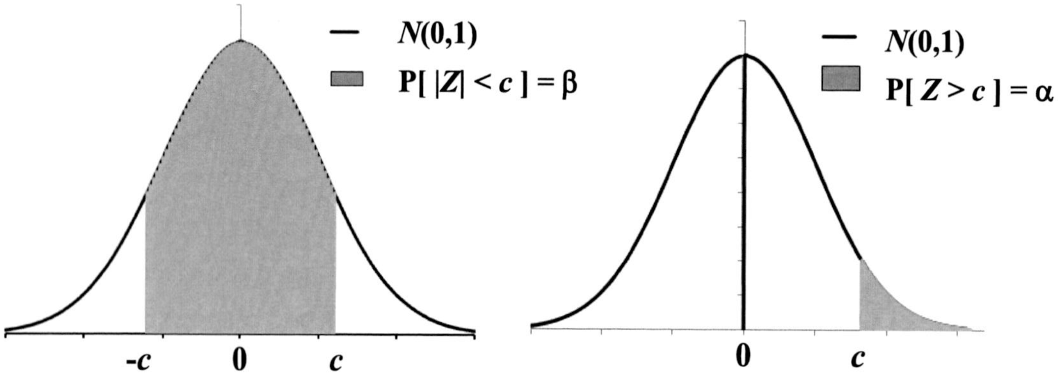


(B)　$T \sim \boldsymbol{t}(\nu)$ に対して $\mathrm{P}[\,|T| < c\,] = \beta,\ \mathrm{P}[\,T > c\,] = \alpha$

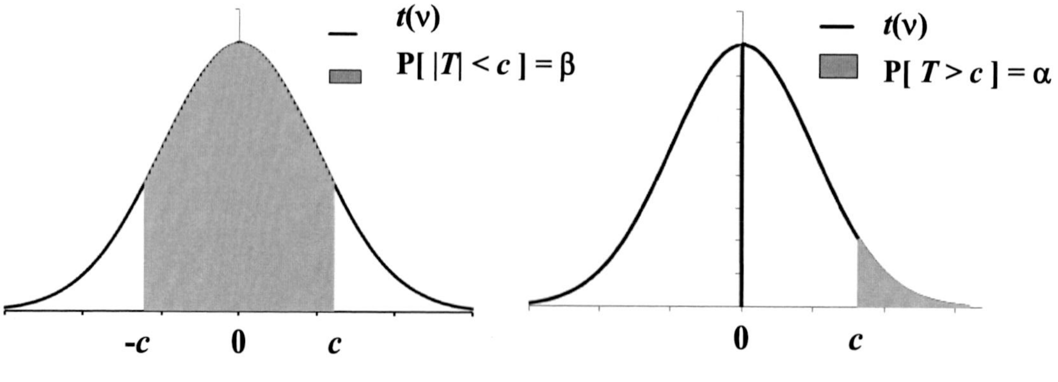

## A1. 標準正規分布表 (1)　　◎　$z$ から　$p = P[0 < Z < z]$　を出す

| $z$ | 0.00 | 0.01 | 0.02 | 0.03 | 0.04 | 0.05 | 0.06 | 0.07 | 0.08 | 0.09 |
|---|---|---|---|---|---|---|---|---|---|---|
| 0.0 | 0.0000 | 0.0040 | 0.0080 | 0.0120 | 0.0160 | 0.0199 | 0.0239 | 0.0279 | 0.0319 | 0.0359 |
| 0.1 | 0.0398 | 0.0438 | 0.0478 | 0.0517 | 0.0557 | 0.0596 | 0.0636 | 0.0675 | 0.0714 | 0.0753 |
| 0.2 | 0.0793 | 0.0832 | 0.0871 | 0.0910 | 0.0948 | 0.0987 | 0.1026 | 0.1064 | 0.1103 | 0.1141 |
| 0.3 | 0.1179 | 0.1217 | 0.1255 | 0.1293 | 0.1331 | 0.1368 | 0.1406 | 0.1443 | 0.1480 | 0.1517 |
| 0.4 | 0.1554 | 0.1591 | 0.1628 | 0.1664 | 0.1700 | 0.1736 | 0.1772 | 0.1808 | 0.1844 | 0.1879 |
| 0.5 | 0.1915 | 0.1950 | 0.1985 | 0.2019 | 0.2054 | 0.2088 | 0.2123 | 0.2157 | 0.2190 | 0.2224 |
| 0.6 | 0.2257 | 0.2291 | 0.2324 | 0.2357 | 0.2389 | 0.2422 | 0.2454 | 0.2486 | 0.2517 | 0.2549 |
| 0.7 | 0.2580 | 0.2611 | 0.2642 | 0.2673 | 0.2704 | 0.2734 | 0.2764 | 0.2794 | 0.2823 | 0.2852 |
| 0.8 | 0.2881 | 0.2910 | 0.2939 | 0.2967 | 0.2995 | 0.3023 | 0.3051 | 0.3078 | 0.3106 | 0.3133 |
| 0.9 | 0.3159 | 0.3186 | 0.3212 | 0.3238 | 0.3264 | 0.3289 | 0.3315 | 0.3340 | 0.3365 | 0.3389 |
| 1.0 | 0.3413 | 0.3438 | 0.3461 | 0.3485 | 0.3508 | 0.3531 | 0.3554 | 0.3577 | 0.3599 | 0.3621 |
| 1.1 | 0.3643 | 0.3665 | 0.3686 | 0.3708 | 0.3729 | 0.3749 | 0.3770 | 0.3790 | 0.3810 | 0.3830 |
| 1.2 | 0.3849 | 0.3869 | 0.3888 | 0.3907 | 0.3925 | 0.3944 | 0.3962 | 0.3980 | 0.3997 | 0.4015 |
| 1.3 | 0.4032 | 0.4049 | 0.4066 | 0.4082 | 0.4099 | 0.4115 | 0.4131 | 0.4147 | 0.4162 | 0.4177 |
| 1.4 | 0.4192 | 0.4207 | 0.4222 | 0.4236 | 0.4251 | 0.4265 | 0.4279 | 0.4292 | 0.4306 | 0.4319 |
| 1.5 | 0.4332 | 0.4345 | 0.4357 | 0.4370 | 0.4382 | 0.4394 | 0.4406 | 0.4418 | 0.4429 | 0.4441 |
| 1.6 | 0.4452 | 0.4463 | 0.4474 | 0.4484 | 0.4495 | 0.4505 | 0.4515 | 0.4525 | 0.4535 | 0.4545 |
| 1.7 | 0.4554 | 0.4564 | 0.4573 | 0.4582 | 0.4591 | 0.4599 | 0.4608 | 0.4616 | 0.4625 | 0.4633 |
| 1.8 | 0.4641 | 0.4649 | 0.4656 | 0.4664 | 0.4671 | 0.4678 | 0.4686 | 0.4693 | 0.4699 | 0.4706 |
| 1.9 | 0.4713 | 0.4719 | 0.4726 | 0.4732 | 0.4738 | 0.4744 | 0.4750 | 0.4756 | 0.4761 | 0.4767 |
| 2.0 | 0.4772 | 0.4778 | 0.4783 | 0.4788 | 0.4793 | 0.4798 | 0.4803 | 0.4808 | 0.4812 | 0.4817 |
| 2.1 | 0.4821 | 0.4826 | 0.4830 | 0.4834 | 0.4838 | 0.4842 | 0.4846 | 0.4850 | 0.4854 | 0.4857 |
| 2.2 | 0.4861 | 0.4864 | 0.4868 | 0.4871 | 0.4875 | 0.4878 | 0.4881 | 0.4884 | 0.4887 | 0.4890 |
| 2.3 | 0.4893 | 0.4896 | 0.4898 | 0.4901 | 0.4904 | 0.4906 | 0.4909 | 0.4911 | 0.4913 | 0.4916 |
| 2.4 | 0.4918 | 0.4920 | 0.4922 | 0.4925 | 0.4927 | 0.4929 | 0.4931 | 0.4932 | 0.4934 | 0.4936 |
| 2.5 | 0.4938 | 0.4940 | 0.4941 | 0.4943 | 0.4945 | 0.4946 | 0.4948 | 0.4949 | 0.4951 | 0.4952 |
| 2.6 | 0.4953 | 0.4955 | 0.4956 | 0.4957 | 0.4959 | 0.4960 | 0.4961 | 0.4962 | 0.4963 | 0.4964 |
| 2.7 | 0.4965 | 0.4966 | 0.4967 | 0.4968 | 0.4969 | 0.4970 | 0.4971 | 0.4972 | 0.4973 | 0.4974 |
| 2.8 | 0.4974 | 0.4975 | 0.4976 | 0.4977 | 0.4977 | 0.4978 | 0.4979 | 0.4979 | 0.4980 | 0.4981 |
| 2.9 | 0.4981 | 0.4982 | 0.4982 | 0.4983 | 0.4984 | 0.4984 | 0.4985 | 0.4985 | 0.4986 | 0.4986 |
| 3.0 | 0.4987 | 0.4987 | 0.4987 | 0.4988 | 0.4988 | 0.4989 | 0.4989 | 0.4989 | 0.4990 | 0.4990 |
| 3.1 | 0.4990 | 0.4991 | 0.4991 | 0.4991 | 0.4992 | 0.4992 | 0.4992 | 0.4992 | 0.4993 | 0.4993 |
| 3.2 | 0.4993 | 0.4993 | 0.4994 | 0.4994 | 0.4994 | 0.4994 | 0.4994 | 0.4995 | 0.4995 | 0.4995 |
| 3.3 | 0.4995 | 0.4995 | 0.4995 | 0.4996 | 0.4996 | 0.4996 | 0.4996 | 0.4996 | 0.4996 | 0.4997 |
| 3.4 | 0.4997 | 0.4997 | 0.4997 | 0.4997 | 0.4997 | 0.4997 | 0.4997 | 0.4997 | 0.4997 | 0.4998 |
| 3.5 | 0.4998 | 0.4998 | 0.4998 | 0.4998 | 0.4998 | 0.4998 | 0.4998 | 0.4998 | 0.4998 | 0.4998 |

## A2. 標準正規分布表 (2)　　◎　$Z \sim N(0,1)$ について

$\alpha, \beta$ に対する　$\alpha = P[Z > c] \rightarrow c$ ,　$\beta = P[|Z| < c] \rightarrow c$　を出す

| $\alpha$ | 0.10 | 0.08 | 0.06 | 0.05 | 0.04 | 0.03 | 0.025 | 0.02 | 0.01 | 0.005 |
|---|---|---|---|---|---|---|---|---|---|---|
| $\beta$ | 0.80 | 0.84 | 0.88 | 0.90 | 0.92 | 0.94 | 0.95 | 0.96 | 0.98 | 0.99 |
| $c$ | **1.282** | **1.405** | **1.555** | **1.645** | **1.751** | **1.881** | **1.960** | **2.054** | **2.326** | **2.576** |

## B. *t* 分布表

◎　$T \sim t(\nu)$ 分布について (ν : 自由度)

α, β に対する　$\alpha = P[T > c]$　$\beta = P[|T| < c] \to c$　を出す

| 自由度 α | 0.10 | 0.09 | 0.08 | 0.07 | 0.06 | 0.05 | 0.045 | 0.04 | 0.035 | 0.03 | 0.025 | 0.02 | 0.01 | 0.005 |
|---|---|---|---|---|---|---|---|---|---|---|---|---|---|---|
| β | 0.80 | 0.82 | 0.84 | 0.86 | 0.88 | 0.90 | 0.91 | 0.92 | 0.93 | 0.94 | 0.95 | 0.96 | 0.98 | 0.99 |
| **1** | 3.078 | 3.442 | 3.895 | 4.474 | 5.242 | 6.314 | 7.026 | 7.916 | 9.058 | 10.579 | 12.706 | 15.895 | 31.821 | 63.657 |
| **2** | 1.886 | 2.026 | 2.189 | 2.383 | 2.620 | 2.920 | 3.104 | 3.320 | 3.578 | 3.896 | 4.303 | 4.849 | 6.965 | 9.925 |
| **3** | 1.638 | 1.741 | 1.859 | 1.995 | 2.156 | 2.353 | 2.471 | 2.605 | 2.763 | 2.951 | 3.182 | 3.482 | 4.541 | 5.841 |
| **4** | 1.533 | 1.623 | 1.723 | 1.838 | 1.971 | 2.132 | 2.226 | 2.333 | 2.456 | 2.601 | 2.776 | 2.999 | 3.747 | 4.604 |
| **5** | 1.476 | 1.558 | 1.649 | 1.753 | 1.873 | 2.015 | 2.098 | 2.191 | 2.297 | 2.422 | 2.571 | 2.757 | 3.365 | 4.032 |
| **6** | 1.440 | 1.517 | 1.603 | 1.700 | 1.812 | 1.943 | 2.019 | 2.104 | 2.201 | 2.313 | 2.447 | 2.612 | 3.143 | 3.707 |
| **7** | 1.415 | 1.489 | 1.572 | 1.664 | 1.770 | 1.895 | 1.966 | 2.046 | 2.136 | 2.241 | 2.365 | 2.517 | 2.998 | 3.499 |
| **8** | 1.397 | 1.469 | 1.549 | 1.638 | 1.740 | 1.860 | 1.928 | 2.004 | 2.090 | 2.189 | 2.306 | 2.449 | 2.896 | 3.355 |
| **9** | 1.383 | 1.454 | 1.532 | 1.619 | 1.718 | 1.833 | 1.899 | 1.973 | 2.055 | 2.150 | 2.262 | 2.398 | 2.821 | 3.250 |
| **10** | 1.372 | 1.442 | 1.518 | 1.603 | 1.700 | 1.812 | 1.877 | 1.948 | 2.028 | 2.120 | 2.228 | 2.359 | 2.764 | 3.169 |
| **11** | 1.363 | 1.432 | 1.507 | 1.591 | 1.686 | 1.796 | 1.859 | 1.928 | 2.007 | 2.096 | 2.201 | 2.328 | 2.718 | 3.106 |
| **12** | 1.356 | 1.424 | 1.498 | 1.580 | 1.674 | 1.782 | 1.844 | 1.912 | 1.989 | 2.076 | 2.179 | 2.303 | 2.681 | 3.055 |
| **13** | 1.350 | 1.417 | 1.490 | 1.572 | 1.664 | 1.771 | 1.832 | 1.899 | 1.974 | 2.060 | 2.160 | 2.282 | 2.650 | 3.012 |
| **14** | 1.345 | 1.411 | 1.484 | 1.565 | 1.656 | 1.761 | 1.821 | 1.887 | 1.962 | 2.046 | 2.145 | 2.264 | 2.624 | 2.977 |
| **15** | 1.341 | 1.406 | 1.478 | 1.558 | 1.649 | 1.753 | 1.812 | 1.878 | 1.951 | 2.034 | 2.131 | 2.249 | 2.602 | 2.947 |
| **16** | 1.337 | 1.402 | 1.474 | 1.553 | 1.642 | 1.746 | 1.805 | 1.869 | 1.942 | 2.024 | 2.120 | 2.235 | 2.583 | 2.921 |
| **17** | 1.333 | 1.398 | 1.469 | 1.548 | 1.637 | 1.740 | 1.798 | 1.862 | 1.934 | 2.015 | 2.110 | 2.224 | 2.567 | 2.898 |
| **18** | 1.330 | 1.395 | 1.466 | 1.544 | 1.632 | 1.734 | 1.792 | 1.855 | 1.926 | 2.007 | 2.101 | 2.214 | 2.552 | 2.878 |
| **19** | 1.328 | 1.392 | 1.462 | 1.540 | 1.628 | 1.729 | 1.786 | 1.850 | 1.920 | 2.000 | 2.093 | 2.205 | 2.539 | 2.861 |
| **20** | 1.325 | 1.389 | 1.459 | 1.537 | 1.624 | 1.725 | 1.782 | 1.844 | 1.914 | 1.994 | 2.086 | 2.197 | 2.528 | 2.845 |
| **21** | 1.323 | 1.387 | 1.457 | 1.534 | 1.621 | 1.721 | 1.777 | 1.840 | 1.909 | 1.988 | 2.080 | 2.189 | 2.518 | 2.831 |
| **22** | 1.321 | 1.385 | 1.454 | 1.531 | 1.618 | 1.717 | 1.773 | 1.835 | 1.905 | 1.983 | 2.074 | 2.183 | 2.508 | 2.819 |
| **23** | 1.319 | 1.383 | 1.452 | 1.529 | 1.615 | 1.714 | 1.770 | 1.832 | 1.900 | 1.978 | 2.069 | 2.177 | 2.500 | 2.807 |
| **24** | 1.318 | 1.381 | 1.450 | 1.526 | 1.612 | 1.711 | 1.767 | 1.828 | 1.896 | 1.974 | 2.064 | 2.172 | 2.492 | 2.797 |
| **25** | 1.316 | 1.379 | 1.448 | 1.524 | 1.610 | 1.708 | 1.764 | 1.825 | 1.893 | 1.970 | 2.060 | 2.167 | 2.485 | 2.787 |
| **26** | 1.315 | 1.378 | 1.446 | 1.522 | 1.608 | 1.706 | 1.761 | 1.822 | 1.890 | 1.967 | 2.056 | 2.162 | 2.479 | 2.779 |
| **27** | 1.314 | 1.376 | 1.445 | 1.521 | 1.606 | 1.703 | 1.758 | 1.819 | 1.887 | 1.963 | 2.052 | 2.158 | 2.473 | 2.771 |
| **28** | 1.313 | 1.375 | 1.443 | 1.519 | 1.604 | 1.701 | 1.756 | 1.817 | 1.884 | 1.960 | 2.048 | 2.154 | 2.467 | 2.763 |
| **29** | 1.311 | 1.374 | 1.442 | 1.517 | 1.602 | 1.699 | 1.754 | 1.814 | 1.881 | 1.957 | 2.045 | 2.150 | 2.462 | 2.756 |
| **30** | 1.310 | 1.373 | 1.441 | 1.516 | 1.600 | 1.697 | 1.752 | 1.812 | 1.879 | 1.955 | 2.042 | 2.147 | 2.457 | 2.750 |
| **34** | 1.307 | 1.369 | 1.436 | 1.511 | 1.595 | 1.691 | 1.745 | 1.805 | 1.871 | 1.946 | 2.032 | 2.136 | 2.441 | 2.728 |
| **38** | 1.304 | 1.366 | 1.433 | 1.507 | 1.591 | 1.686 | 1.740 | 1.799 | 1.864 | 1.939 | 2.024 | 2.127 | 2.429 | 2.712 |
| **42** | 1.302 | 1.363 | 1.430 | 1.504 | 1.587 | 1.682 | 1.735 | 1.794 | 1.859 | 1.933 | 2.018 | 2.120 | 2.418 | 2.698 |
| **45** | 1.301 | 1.362 | 1.429 | 1.502 | 1.585 | 1.679 | 1.733 | 1.791 | 1.856 | 1.929 | 2.014 | 2.115 | 2.412 | 2.690 |
| **50** | 1.299 | 1.360 | 1.426 | 1.500 | 1.582 | 1.676 | 1.729 | 1.787 | 1.852 | 1.924 | 2.009 | 2.109 | 2.403 | 2.678 |
| **54** | 1.297 | 1.358 | 1.425 | 1.498 | 1.580 | 1.674 | 1.726 | 1.784 | 1.849 | 1.921 | 2.005 | 2.105 | 2.397 | 2.670 |
| **60** | 1.296 | 1.357 | 1.423 | 1.496 | 1.577 | 1.671 | 1.723 | 1.781 | 1.845 | 1.917 | 2.000 | 2.099 | 2.390 | 2.660 |
| **80** | 1.292 | 1.353 | 1.418 | 1.491 | 1.572 | 1.664 | 1.716 | 1.773 | 1.836 | 1.908 | 1.990 | 2.088 | 2.374 | 2.639 |
| **100** | 1.290 | 1.350 | 1.416 | 1.488 | 1.568 | 1.660 | 1.712 | 1.769 | 1.832 | 1.902 | 1.984 | 2.081 | 2.364 | 2.626 |
| ∞ | 1.282 | 1.341 | 1.405 | 1.476 | 1.555 | 1.645 | 1.695 | 1.751 | 1.812 | 1.881 | 1.960 | 2.054 | 2.326 | 2.576 |

## C. 母相関係数検定表

◎ $\rho = \rho_0$ のもとに　$0.05 = P[\, r_{xy} > r \,] \rightarrow r$　を出す

| $n$ ＼ $\rho_0$ | 危険率 5% | | | | | | | | | |
|---|---|---|---|---|---|---|---|---|---|---|
| $n$ | 0.3 | 0.5 | 0.6 | 0.65 | 0.7 | 0.75 | 0.8 | 0.85 | 0.9 | 0.95 |
| 11 | 0.7192 | 0.8197 | 0.8629 | 0.8830 | 0.9022 | 0.9205 | 0.9379 | 0.9545 | 0.9704 | 0.9855 |
| 12 | 0.7021 | 0.8077 | 0.8535 | 0.8748 | 0.8952 | 0.9147 | 0.9333 | 0.9511 | 0.9681 | 0.9844 |
| 13 | 0.6870 | 0.7970 | 0.8450 | 0.8674 | 0.8889 | 0.9095 | 0.9291 | 0.9480 | 0.9661 | 0.9834 |
| 14 | 0.6734 | 0.7874 | 0.8373 | 0.8608 | 0.8832 | 0.9047 | 0.9254 | 0.9452 | 0.9642 | 0.9825 |
| 15 | 0.6613 | 0.7787 | 0.8304 | 0.8547 | 0.8780 | 0.9004 | 0.9220 | 0.9427 | 0.9625 | 0.9816 |
| 16 | 0.6503 | 0.7708 | 0.8241 | 0.8492 | 0.8733 | 0.8965 | 0.9188 | 0.9403 | 0.9610 | 0.9809 |
| 17 | 0.6402 | 0.7635 | 0.8183 | 0.8441 | 0.8690 | 0.8929 | 0.9159 | 0.9381 | 0.9595 | 0.9801 |
| 18 | 0.6310 | 0.7568 | 0.8129 | 0.8394 | 0.8649 | 0.8895 | 0.9133 | 0.9361 | 0.9582 | 0.9795 |
| 19 | 0.6225 | 0.7506 | 0.8079 | 0.8350 | 0.8612 | 0.8864 | 0.9108 | 0.9343 | 0.9570 | 0.9789 |
| 20 | 0.6147 | 0.7449 | 0.8033 | 0.8310 | 0.8577 | 0.8835 | 0.9085 | 0.9325 | 0.9558 | 0.9783 |
| 21 | 0.6074 | 0.7396 | 0.7990 | 0.8272 | 0.8545 | 0.8808 | 0.9063 | 0.9309 | 0.9547 | 0.9777 |
| 22 | 0.6006 | 0.7346 | 0.7950 | 0.8237 | 0.8514 | 0.8783 | 0.9042 | 0.9294 | 0.9537 | 0.9772 |
| 23 | 0.5942 | 0.7299 | 0.7912 | 0.8203 | 0.8486 | 0.8759 | 0.9023 | 0.9279 | 0.9527 | 0.9767 |
| 24 | 0.5883 | 0.7255 | 0.7876 | 0.8172 | 0.8459 | 0.8736 | 0.9005 | 0.9266 | 0.9518 | 0.9763 |
| 25 | 0.5826 | 0.7213 | 0.7843 | 0.8143 | 0.8433 | 0.8715 | 0.8988 | 0.9253 | 0.9510 | 0.9759 |
| 26 | 0.5774 | 0.7174 | 0.7811 | 0.8115 | 0.8409 | 0.8695 | 0.8972 | 0.9241 | 0.9501 | 0.9754 |
| 27 | 0.5724 | 0.7137 | 0.7781 | 0.8088 | 0.8386 | 0.8676 | 0.8956 | 0.9229 | 0.9494 | 0.9751 |
| 28 | 0.5677 | 0.7102 | 0.7752 | 0.8063 | 0.8365 | 0.8657 | 0.8942 | 0.9218 | 0.9486 | 0.9747 |
| 29 | 0.5632 | 0.7068 | 0.7725 | 0.8039 | 0.8344 | 0.8640 | 0.8928 | 0.9207 | 0.9479 | 0.9743 |
| 30 | 0.5589 | 0.7036 | 0.7699 | 0.8016 | 0.8324 | 0.8624 | 0.8915 | 0.9197 | 0.9472 | 0.9740 |
| 31 | 0.5549 | 0.7006 | 0.7674 | 0.7994 | 0.8305 | 0.8608 | 0.8902 | 0.9188 | 0.9466 | 0.9737 |
| 32 | 0.5510 | 0.6977 | 0.7650 | 0.7973 | 0.8287 | 0.8593 | 0.8890 | 0.9179 | 0.9460 | 0.9734 |
| 33 | 0.5473 | 0.6949 | 0.7628 | 0.7953 | 0.8270 | 0.8578 | 0.8878 | 0.9170 | 0.9454 | 0.9731 |
| 34 | 0.5438 | 0.6923 | 0.7606 | 0.7934 | 0.8253 | 0.8564 | 0.8867 | 0.9161 | 0.9448 | 0.9728 |
| 35 | 0.5404 | 0.6897 | 0.7585 | 0.7916 | 0.8238 | 0.8551 | 0.8856 | 0.9153 | 0.9443 | 0.9725 |
| 36 | 0.5372 | 0.6873 | 0.7565 | 0.7898 | 0.8222 | 0.8538 | 0.8846 | 0.9145 | 0.9438 | 0.9722 |
| 37 | 0.5340 | 0.6849 | 0.7546 | 0.7881 | 0.8208 | 0.8526 | 0.8836 | 0.9138 | 0.9433 | 0.9720 |
| 38 | 0.5311 | 0.6827 | 0.7528 | 0.7865 | 0.8193 | 0.8514 | 0.8826 | 0.9131 | 0.9428 | 0.9717 |
| 39 | 0.5282 | 0.6805 | 0.7510 | 0.7849 | 0.8180 | 0.8502 | 0.8817 | 0.9124 | 0.9423 | 0.9715 |
| 40 | 0.5254 | 0.6784 | 0.7493 | 0.7834 | 0.8167 | 0.8491 | 0.8808 | 0.9117 | 0.9418 | 0.9713 |
| 41 | 0.5227 | 0.6764 | 0.7476 | 0.7819 | 0.8154 | 0.8481 | 0.8799 | 0.9110 | 0.9414 | 0.9711 |
| 42 | 0.5202 | 0.6744 | 0.7460 | 0.7805 | 0.8142 | 0.8470 | 0.8791 | 0.9104 | 0.9410 | 0.9708 |
| 43 | 0.5177 | 0.6725 | 0.7444 | 0.7791 | 0.8130 | 0.8460 | 0.8783 | 0.9098 | 0.9406 | 0.9706 |
| 44 | 0.5153 | 0.6707 | 0.7429 | 0.7778 | 0.8118 | 0.8450 | 0.8775 | 0.9092 | 0.9402 | 0.9704 |
| 45 | 0.5130 | 0.6689 | 0.7415 | 0.7765 | 0.8107 | 0.8441 | 0.8767 | 0.9086 | 0.9398 | 0.9702 |
| 46 | 0.5107 | 0.6672 | 0.7401 | 0.7753 | 0.8096 | 0.8432 | 0.8760 | 0.9081 | 0.9394 | 0.9701 |
| 47 | 0.5085 | 0.6656 | 0.7387 | 0.7740 | 0.8086 | 0.8423 | 0.8753 | 0.9075 | 0.9391 | 0.9699 |
| 48 | 0.5064 | 0.6639 | 0.7374 | 0.7729 | 0.8076 | 0.8415 | 0.8746 | 0.9070 | 0.9387 | 0.9697 |
| 49 | 0.5044 | 0.6624 | 0.7361 | 0.7717 | 0.8066 | 0.8406 | 0.8739 | 0.9065 | 0.9384 | 0.9695 |
| 50 | 0.5024 | 0.6609 | 0.7349 | 0.7706 | 0.8056 | 0.8398 | 0.8733 | 0.9060 | 0.9380 | 0.9693 |
| 52 | 0.4986 | 0.6580 | 0.7325 | 0.7685 | 0.8038 | 0.8383 | 0.8720 | 0.9051 | 0.9374 | 0.9690 |
| 54 | 0.4950 | 0.6552 | 0.7302 | 0.7665 | 0.8020 | 0.8368 | 0.8708 | 0.9042 | 0.9368 | 0.9687 |
| 56 | 0.4916 | 0.6526 | 0.7280 | 0.7646 | 0.8004 | 0.8354 | 0.8697 | 0.9033 | 0.9362 | 0.9684 |
| 58 | 0.4884 | 0.6501 | 0.7260 | 0.7628 | 0.7988 | 0.8341 | 0.8686 | 0.9025 | 0.9356 | 0.9682 |
| 60 | 0.4853 | 0.6478 | 0.7240 | 0.7610 | 0.7973 | 0.8328 | 0.8676 | 0.9017 | 0.9351 | 0.9679 |
| 80 | 0.4612 | 0.6291 | 0.7086 | 0.7473 | 0.7854 | 0.8227 | 0.8594 | 0.8955 | 0.9309 | 0.9658 |

## 参考文献

– この書と同様の趣旨で書かれた詳しい参考書として

大澤秀雄 著「新・基礎から学ぶ統計学」梓出版社, 2011

– 統計の基礎的な数学理論を丁寧に解説した名著として

本間 鶴千代 著 「統計数学入門」森北出版, 1970

# 統計学ノオト

2019年 9月 17日　　初版発行

日本大学経済学部　特任教授
理学博士
著　者　大澤　秀雄

定価（本体価格1,500円＋税）

発行所　株 式 会 社　三 恵 社
〒462-0056 愛知県名古屋市北区中丸町2-24-1
TEL 052 (915) 5211
FAX 052 (915) 5019
URL http://www.sankeisha.com



ISBN978-4-86693-116-6 C1033 ¥1500E